「ゆる副業」のはじめかた
オンライン事務

コネ・経験不要、
スキマ時間でしっかり稼ぐ!

土谷みみこ 著

SE
SHOEISHA

はじめに

あらゆる理由で働くことを諦めている方たちがいます。転勤や引っ越しで、仕事を見つけるのが難しい。親の介護など、サポートの必要な家族の通院やサポートでまとまった時間がとれないので、働き先が見つからない。子供を預けて働きたいけど、保育園が決まらないので働きに出られない。……もう、挙げ出したらキリがありません。

確かに一昔前は働くためには「住んでいる場所から通える範囲で」「希望の報酬をもらえる」働き先があり、「まとまった時間を取れて、外に働きに出られる」などの条件が必要でした。しかし、本書で紹介するオンライン事務は、先ほどの条件が揃っていなくていいんです。**オンライン事務はネットで仕事が完結することがほとんどなので、居住地は関係ありません。また、スキマ時間をうまく活用すれば十分働けます。**

実際に私の周りにも働くことを諦めていた方が大勢いましたが、彼女たちは活き活きとオンライン事務をしています。例えば、これまでパートで働いていた40代の女性がいました。しかし、ご自身の体調不良が理由で、連続して2時間以上働けなくなり、パートを辞めて3年たった頃にオンライン事務の仕事をはじめてみようと決意します。そして、本書で紹介する仕事獲得法などを実践し、無事に働きはじめることに。さらにはクライアントに仕事ぶりを評価され、遂には正社員にまでなりました。ちなみに、彼女は秘書などのサポート経験だけでなく、クライアントになりそうな社長とのコネも全くない状態でした。しかも、直前まで仕事をしていない状態でもありました。オンライン事務（オンライン秘書とも呼ばれます）の仕事は、秘書などのサポート経験や事務の経験、コネなどは全くいりません。

オンライン事務は新しい仕事なので、これまで世の中に確立した仕事の獲得方法などはありませんでした。しかし、本書では**「サポート経験や社長とのコネなし」の方でもオンライン事務になれる、再現性の高い仕事獲得法や仕事の仕方について紹介しています。**実際に本書で紹介する方法を実践して、多くの未経験者がオンライン事務になったことからも、自信をもって紹介できる内容ばかりです。

ちなみに、私もオンライン事務の仕事で人生が変わりました。シングルマザーですが、離婚を思い立った時には経済的な自立もできず、当時4歳と2歳の子供を抱えて働くのは難しいと諦めていました。しかし、結果として経済的な自立にも成功し、離婚もできました。**今幸せに暮らしているのは自由度の高いオンライン事務のおかげです。**

本書を読んでくださっている皆さんもそれぞれの事情や働く際の希望があると思います。まだまだ知られていないこのオンライン事務ですが、**皆さんが働くことを諦めようとした時の1つの選択肢になれたらと思い、本書を執筆しました。**皆さんが少しでもご自身の希望を叶えられるお手伝いができたら幸いです。

■読者特典データのご案内

本書の読者の方に向け、以下の特典をご用意しました。
【ひな形】履歴書・職務経歴書・議事録・自己 PR 作成シート
【チェックリスト】志望動機・自己 PR
【動画】自己 PR の作成の仕方

読者特典データは、以下のサイトからダウンロードして入手いただけます。

https://www.shoeisha.co.jp/book/present/9784798179261

※読者特典データのファイルは圧縮されています。ダウンロードしたファイルをダブルクリックすると、ファイルが解凍され、利用いただけます。
※画面の指示に従って進めると、アクセスキーの入力を求める画面が表示されますが、アクセスキーは本書の各章の最初のページ下端に記載されています。画面で指定された章のアクセスキーを半角英数字で、大文字、小文字を区別して入力してください。

●注意

※読者特典データのダウンロードには、SHOEISHA iD（翔泳社が運営する無料の会員制度）への会員登録が必要です。詳しくは、Web サイトをご覧ください。
※読者特典データに関する権利は著者および株式会社翔泳社が所有しています。許可なく配布したり、Web サイトに転載することはできません。
※読者特典データの提供は予告なく終了することがあります。あらかじめご了承ください。

●免責事項

※読者特典データの記載内容は、2023 年 2 月現在の法令等に基づいています。
※読者特典データに記載された URL 等は予告なく変更される場合があります。
※読者特典データの提供にあたっては正確な記述につとめましたが、著者や出版社などのいずれも、その内容に対してなんらかの保証をするものではなく、内容やサンプルに基づくいかなる運用結果に関してもいっさいの責任を負いません。
※読者特典データに記載されている会社名、製品名はそれぞれ各社の商標および登録商標です。

本書では紹介しきれなかった 1 人社長や個人事業主への営業の方法などをお伝えしたり、みなさんの疑問に著者がお答えしたりするメールマガジンを配信いたします。ぜひご登録ください。
https://my929p.com/p/r/xxYAq0fG

目次

第3章 まずは単発の仕事からはじめてみよう

第4章 長期契約に挑戦しよう

第5章 オンライン事務の基本姿勢と仕事を円滑に進めるコミュニケーション

第6章

オンラインでうまく仕事を進める方法

第7章

さらなる報酬を求めて 1人社長・個人事業主と働こう

第8章 楽しく働くための7つのルール

第1章

オンライン事務で「ゆる副業」をはじめよう

アクセスキー　8（数字のはち）

1-1

基礎知識

どうして、今オンライン事務がおすすめなのか？

ゆるポイント1 仕事のために生活スタイルを変えなくていい

ゆるポイント2 好きな時間に仕事ができる

生活スタイルに合った仕事をする

少し前までは仕事に生活スタイルを合わせることが普通でした。転勤ありの職場を選べば、転勤が数年に一度のスパンでやってきます。転職も今ほど一般的ではなかったため、多くの人は辞令が出れば転勤したくなくても受け入れるしかありません。しかし、今では新卒で入社した会社に一生勤めあげる以外にも、転職や、フリーランスといった働き方も珍しくなくなってきました。また、一昔前はご法度とされていた副業も解禁され、さらに仕事の選択肢が広がってきました。それに加えて、在宅勤務を導入する企業もかなり増え、ますます働き方に変化が起きてきています。

このように**仕事の選択肢が広がったことで、徐々に生活スタイルの変化に合わせた仕事を選べるようになってきました**。

様々な事情で働くのを諦めている人たち

私の周囲には、パートナーの転勤や介護などで働くことを諦めている人が多くいます。また、自身の健康状態や家族の事情の変化といったこともあるでしょう。こうした環境の変化はどうしようもありません。しかし、**仕事は選ぼうと思えば選べる時代に突入しつつあります**。であれば、仕事のためだけに生活スタイルを無理に曲げる必要はありません。

本書で紹介するオンライン事務は、「働きたい時間」や「住む場所」に合わせて働ける、柔軟な仕事です。また、数多くある在宅ワークの中でも特に「人をサポートすること」が好きだったり得意だったりするならば、なおさらオンライン事務がおすすめです。

1-2

基礎知識　モチベーションアップ

出勤の時間がいらない、場所も問わない

ゆるポイント1　**出勤がないため準備や通勤の時間が浮く**

ゆるポイント2　**海外や地方など好きな場所で働ける**

出勤のための時間はゼロ、海外でも地方でも働ける

オンライン事務は、非常に働きやすい仕事です。**理由は明確で、出勤する必要がないから**です。仕事場は自宅でOK。どこかに出勤する必要がないため、身だしなみなどの準備時間はもちろんのこと、通勤時間もゼロです。そのため、これまで出勤に費やしていた時間を副業や育児、趣味などのプライベートな時間に充てることができます。

また、海外や地方に住んでいる人にとって、自宅から仕事ができるのは非

常に大きな魅力です。ネット環境さえあれば、誰でもどこにいても仕事をすることができます。実際に私の周りには、海外に住みながら仕事をする方や、結婚後に地方へ引っ越した後もオンライン事務の仕事を続けている方が数多くいます。

働く場所が自由だとメリハリをつけて働ける

また、勤務場所を指定されることはそう多くないため、自宅以外の場所で作業することも可能です。例えば、お子さんを保育園まで車で送迎し、その帰り道にある仕事ができそうな場所で仕事をすることもできます。場所を変えて仕事をするのは、日常にメリハリが出て非常に楽しいです。

もちろん、自宅以外の場所で仕事をする際には特にセキュリティに気をつけることが大前提です。**セキュリティの意識が低いと、それだけで一気に仕事をなくしてしまうこともあるので、必ず注意しましょう。**セキュリティについては、2－10で詳しく解説するので、自宅以外で仕事をする際には絶対に確認してください。

1-3

基礎知識　モチベーションアップ

「この時間だけ働きたい」が叶う働き方

ゆるポイント1 > 深夜や早朝だけ働くのもOK

ゆるポイント2 > 締め切りを守ればいつ働いてもOKな仕事がある

勤務時間は思い通りに生活へ組み込める

オンライン事務は**「この時間だけ働きたい」が叶う仕事**です。当然、打ち合わせや電話などのお客様対応の仕事を受ければ、「お客様が稼働している日中に連絡が返せないと困る」ということもあります。しかし、オンライン事務は**仕事内容が幅広いので、日中すぐに対応できなくてもよい仕事もたくさんあります**。実際に私が副業をしていた時も「締め切りさえ守ってくれれば、いつ作業してもOK」といった、日中稼働しなくてもよい仕事を選んで受けていました。

例えば、打ち合わせの音源を渡されて、期日までに議事録を作成する議事録執筆の仕事がこれにあたります。他にもデータ入力や、決められたひな形に入力して請求書を作成する仕事も締め切りさえ守ればいつ作業してもOKです。

副業で仕事を探す際の注意点

さらに、副業で仕事を探す際の注意点があります。それは**「求人の稼働時間数を確認し、クライアントに自身の稼働時間数をきちんと伝えた上で応募すること」**です。

副業の場合は特に、1日に働ける時間が限られています。なので、求人を探す際には必ず「自身で想定している最低稼働時間数」と大きな差や無理はないか必ず確認しましょう。もし、1日に少なくても2時間しか働けないのに、「3時間働ける日もあるから大丈夫だろう」と考え、「1日3時間〜4時間は働いてほしい」といった求人に応募し、合格したらのちに大変になります。それだけでなく、クライアントにも迷惑がかかります。副業で働くとどんなアクシデントが起こるか予想がつきません。必ず**「絶対に働けるであろう最低稼働時間数」を目安に求人に応募しましょう。**

副業時代のスケジュール

オンライン事務に限らず、副業をはじめると稼働時間は早朝や深夜になることが多いと思います。私も子供が起きる前の朝の時間や、子供が寝静まった後の夜の時間に副業をしていました。参考までに、私の副業時代のよくある1日のスケジュールを次ページの図で紹介します。もちろん、日によって変わりますが、何か少しでも参考になれば嬉しいです。

スケジュールを見ていただくと「なんだか忙しそうで、大変そう」と思われるかもしれません。確かに大変でしたが、それでも副業を続けられたのには理由があります。それは、**副業をはじめる前に「やめることを決めておいたから」**です。

副業をはじめるためには、まず学習や選考に取り組む時間が必要です。しかし、1日は24時間しかありません。そのため、今の生活の中で時間を作るには、今やっている何かをやめる必要があります。もちろん、現時点で「すでに十分な時間を確保できる」のであれば問題ありません。しかし、当然ですが、少しでも多くの時間を学習や選考に充てられた方が、準備は進みます。

図1-1　副業開始前後のスケジュール比較

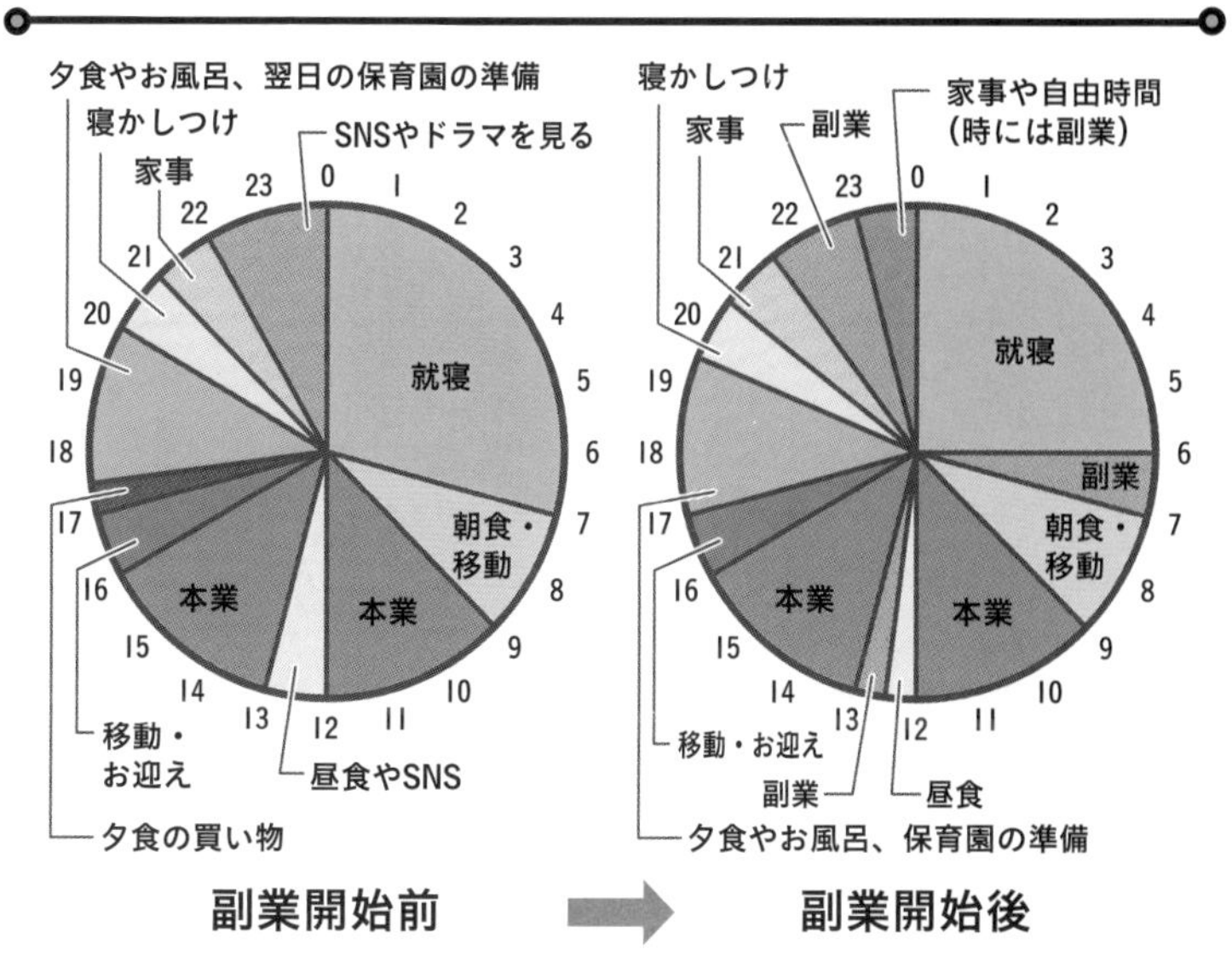

まずは今の生活の中で「やめること」を決めよう

まずは**今の生活の中で「やめること」を決めてください。**ちなみに、私が最初にやめたことは、SNSやドラマをダラダラ見ることです。しかし、やめようと思っても、つい見てしまうのがSNSです。もし、自分の意思だけでやめられない場合は、閲覧制限のアプリを入れたり、思い切ってSNSのアプリ自体を削除したりしてみましょう。その他時短のために取り組んだことについては、次節でも解説をしているので、そちらもご覧ください。

時短　効率化アップ

スキマ時間を上手に活用しよう

ゆるポイント1　スキマ時間の積み重ねが副業成功の秘訣

ゆるポイント2　工夫すれば時間は絞り出せる

まとまった時間を取る必要はなし

オンライン事務になるためには求人の選考に挑戦したり、仕事をする時間を作ったり、1日2時間ほどの時間は必要です。「そんなに取れない……」という方も安心してください。連続してまとまった時間を確保する必要はありません。細切れの時間で大丈夫です。**朝に10分、本業の昼休みの15分などの細かい時間を何度も取って時間を確保するイメージです。**

図1-2　おすすめの時間確保の方法

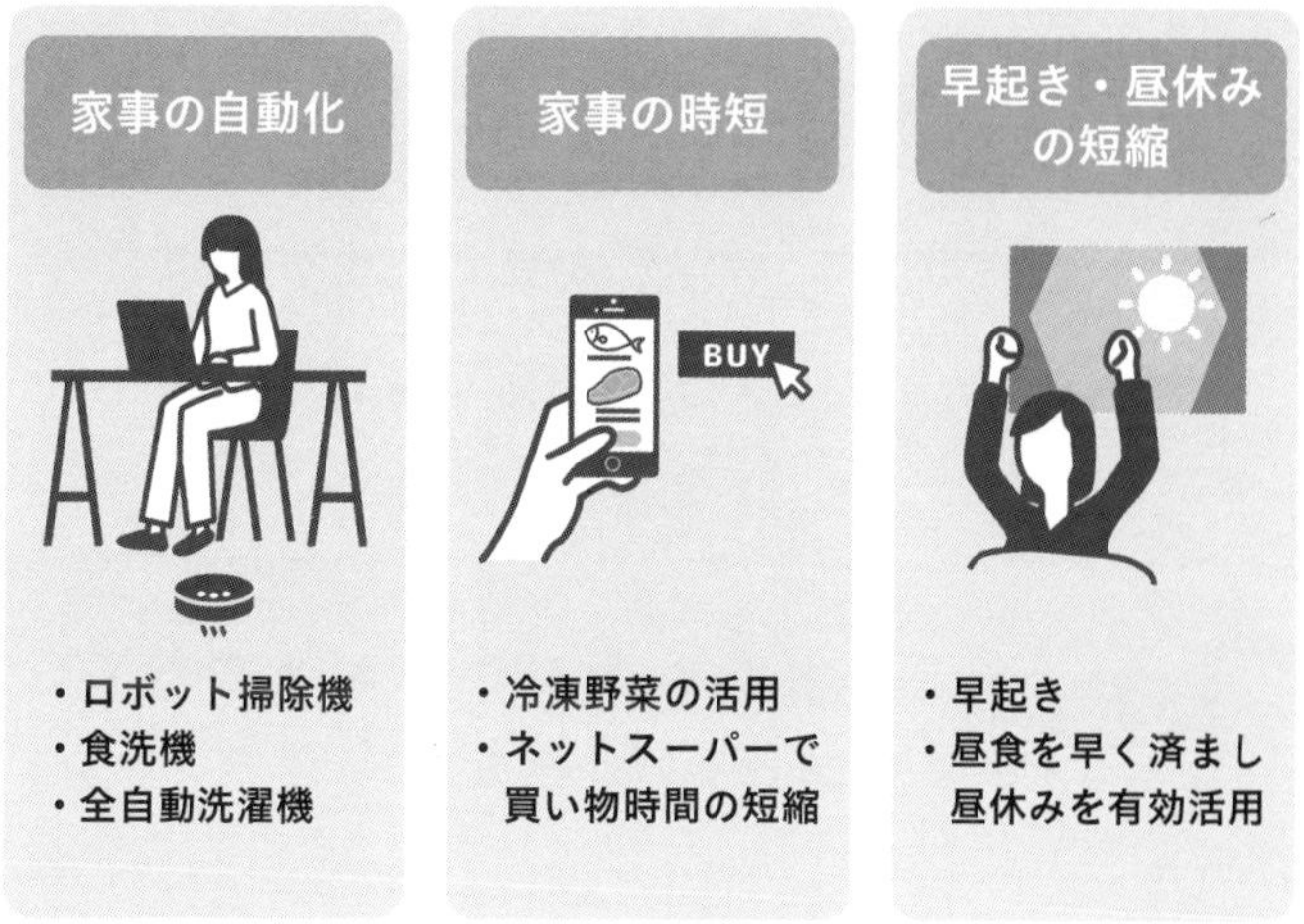
家事の自動化
・ロボット掃除機
・食洗機
・全自動洗濯機
家事の時短
BUY
・冷凍野菜の活用
・ネットスーパーで
買い物時間の短縮
早起き・昼休み
の短縮
・早起き
・昼食を早く済まし
昼休みを有効活用

私が副業時代におこなっていた時間確保の仕方

副業時代にしていた時短の工夫は上図の通りですが、このように、生活にかかる時間をなるべく減らし、少しずつ時間を捻出しました。

ちなみに、食洗機・ロボット掃除機・ドラム式洗濯機はお値段が張ります。しかし、これも先行投資と思って、思い切って購入してみましたが、本当によかったです。機械が働いてくれている間に、他の家事や育児ができるのはもちろん、学習や仕事なども進められました。

1-5

基礎知識

本業と私生活を犠牲にせずに自由に副業をする

ゆるポイント1　パソコンとネット環境があればOK

ゆるポイント2　夜中や早朝、スキマ時間に自由に働ける

副業のために本業や私生活を犠牲にしなくてもいい

「オンライン事務」は、様々な生活スタイルの方でも働きやすい仕事です。

前述の通り、仕事内容によって夜中や早朝の時間に働くことができたり、スキマ時間で働けたりします。そのため「朝、家族が起きる前に働きたい」「親の介護の合間に働きたい」といった、まとまって時間を取るのが難しい方も働けます。

さらに、基本的にはオンラインで仕事が完結するので、「パートナーの転勤が多く、頻繁に引っ越しがある」

「ゆくゆくは移住も検討している」といった住む場所が固定されていない方も無理なく働けます。

「本業や私生活を大事にしつつ、好きな場所で、空いた時間を使ってゆるく副業をする」そんな方におすすめなのが、本書で紹介するオンライン事務です。

初期費用がほぼ0円ではじめられる「オンライン事務」

また、詳しくは2-8でも紹介しますが、数ある副業の中で**初期費用もほぼ0円ではじめられるのも、オンライン事務の魅力です。さらに、パソコン1台分のスペースだけで仕事ができるので、大きな仕事場も必要ありません**。

何度でもいいますが、オンライン事務はパソコンとネット環境さえあればどこに住んでいようが取り組み方次第で副業でも十分にできる仕事です。

次章からはオンライン事務として働くための準備・選考・仕事の仕方について順番に紹介していきます。

Column 1

都心部にいなくても仕事はできる？

「都心部に住んでいないと採用のチャンスが減るのでは？」と不安な声をよく聞きます。しかし、基本的に居住地は全く関係ありません（もちろん「月1回の出社が必要」などの条件がある求人であれば別ですが……）。仕事をする上でも、採用面談を受ける上でも、全てオンラインで完結します。実際に私のオンライン事務仲間たちは、日本全国で仕事をしていますし、海外に住みながら仕事をしている人も多いです。

また、逆も然りで、**クライアントがどこに住んでいても安定したネット環境さえあれば問題ありません**。実際に、日本に住みながら海外在住のクライアントのサポートをしているオンライン事務も多数います。

オンライン事務の仕事で大事なのは、**住んでいる場所ではなく、「クライアントをどれだけサポートできるのか」だけ**です。そのため、居住地の周りに魅力的な求人がなかったり、働く条件が合わなかったりなどで働くことを諦めていた方も、ぜひ「日本だけでなく世界中に、自分にできる仕事があるかもしれない」と思ってオンライン事務に挑戦してみてください。

第2章

オンライン事務として働く前の準備

アクセスキー　T（大文字のてぃー）

オンライン事務に向いている人とは？

ゆるポイント1　**精神的な側面と能力的な側面だけで判断できる**

ゆるポイント2　**裏方の地味な仕事でも感謝されて喜べる人に向いている**

精神的な側面①：裏方として働いてもやりがいを感じる人

オンライン事務はオンラインでできるサポート業務をなんでもします。では、どのような人が向いているのでしょうか。オンライン事務に向いているかどうかは「精神的な側面」と「能力的な側面」の2つの側面で判断できます。

まず「精神的な側面」としては、**裏方で地味な仕事だとしてもクライアントの役に立っていると感じ喜べる**なら、オンライン事務に向いています。

基本的にオンライン事務はサポーター

であり、前に出ていきません。「クライアントが仕事をしやすいように、楽になるように」を常に追求し、行動します。**自分がたとえ目立たなくてもクライアントからの「ありがとう」の言葉に喜べる人**はオンライン事務に向いています。

精神的な側面②：クライアントの決定を尊重できる人

私たちがサポートするクライアントたちはいい意味で決定がコロコロと変わります。朝令暮改とはよくいったもので、朝言っていたことが夕方に撤回されたり、はたまた真逆のことを言われたりすることもあります。しかし、そんな時にも「え？　なんで？　朝言っていることと違う……」ではなく「クライアントの決定だから何か意味があるはず」と考え、時には変更した理由を教えてもらいつつ**その決定をすんなり受け入れられる人**は向いています。

能力的な側面①：コツコツと物事を進められる人

オンライン事務に向いているのは、**コツコツと物事を進めることができる人**です。

オンライン事務の仕事は、書類作成や連絡のチェックなど、淡々とした地味な仕事が多いです。また、未経験の仕事を依頼されることもよくあります。経験のない仕事は、期限ギリギリになって動くと何が起こるかわかりません。そのため、段取りを組んで最初に少し着手し、期限までにコツコツ・淡々と仕事を進められる人が向いています。

能力的な側面②：見逃さない人

忙しいクライアントが一番怖いのは「見逃すこと」です。顧客からの連絡を見逃して結果として無視してしまっていたり、期日が決められた仕事の締め切りを見逃してしまって迷惑をかけたりなど、仕事上での見逃しをゼロにしたい。しかし、クライアントが1人で管理するのは難しい……。だからオンライン事務に仕事を頼むことがあります。そのため、**きちんと丁寧に、連絡などの大事な情報を見逃さないで仕事を進められる人**はオンライン事務に向いています。

図2-1　オンライン事務に向いている人

精神面で向いている人

人のサポートに
やりがいを感じる

クライアントの
決定を尊重できる

能力面で向いている人

コツコツ
進められる

大切な情報を
見逃さない

2-2

基礎知識

モチベーションアップ

オンライン事務の仕事の特徴を知っておこう

ゆるポイント1　専門性がなくてもOK

ゆるポイント2　やっていて苦じゃない仕事を選べる

オンライン事務はなんでも屋さん専門性はなくても大丈夫

オンライン事務の仕事は非常に多岐にわたります。クライアントである個人事業主や1人で会社を経営されている方は、一般企業のように専門の経理部や総務部をもたないことも多いため、オンライン事務が**経理部や総務部のような仕事を請け負うこともよくあります**。これだけ聞くと、「各分野のスペシャリストにしかできない仕事」と思われるかもしれませんが、それは違います。なぜなら、わからないことは**専門家や関係部署・自治体に聞けば**

図2-2　クライアントと専門家の仲介をする

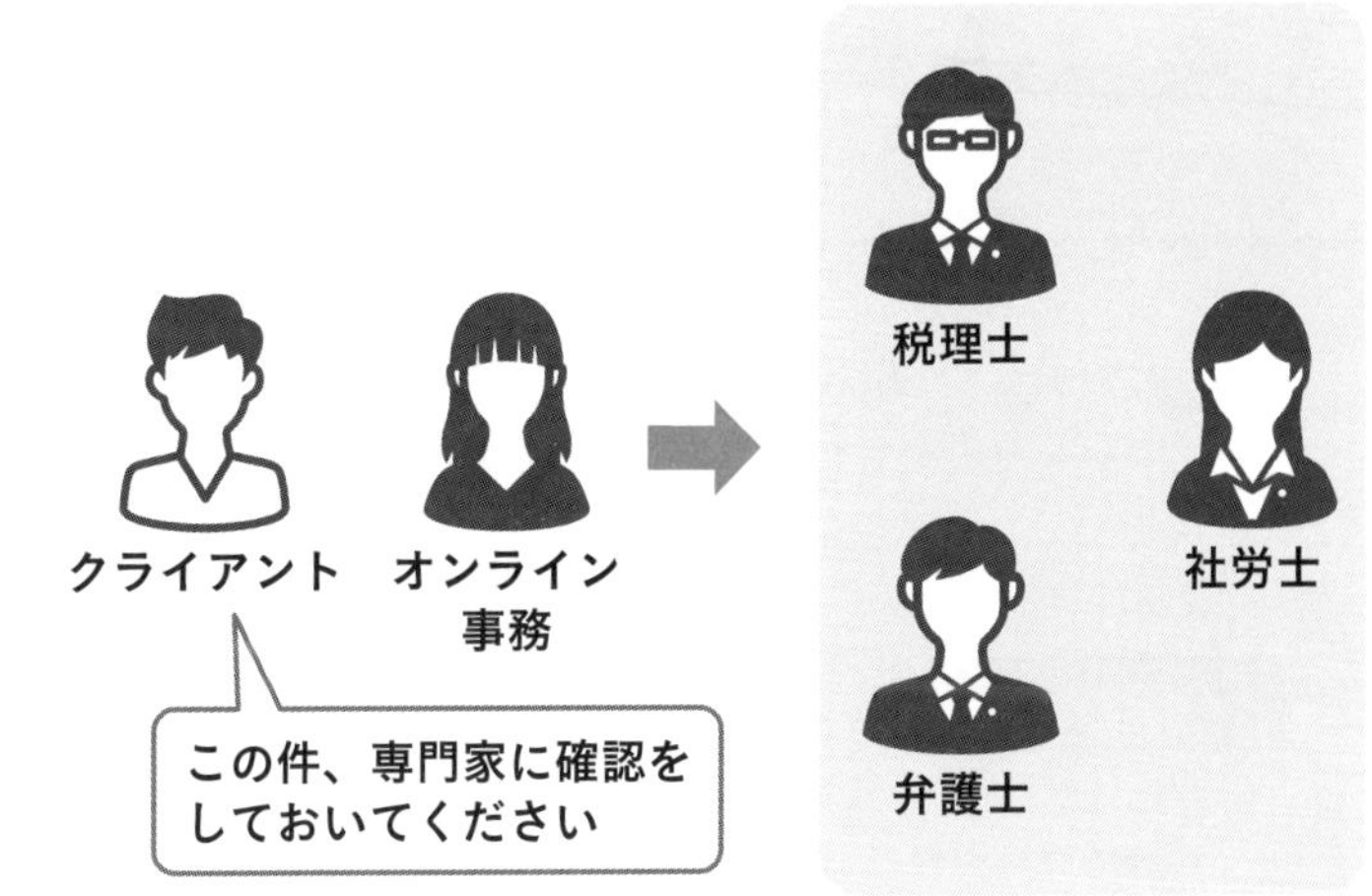
税理士
社労士
弁護士
クライアント
オンライン事務
この件、専門家に確認をしておいてください

いいからです。私も専門知識が必要な場合は、クライアントが普段お願いしている税理士や弁護士に確認しながら業務を進めています。忙しいクライアントの代わりに専門家と細かいやりとりをする、いわば仲介のような役割です。

なんでも屋さんだからこそ自分に合いそうな仕事だけやる

なんでも仕事にできるのは働く上で大きなメリットです。**得意そうな仕事に特化して仕事を受けられる**、ここがオンライン事務が働きやすい点でもあります。

2-3

基礎知識　モチベーションアップ

営業の事務サポートをしよう

ゆるポイント1 地味な作業でもクライアントに喜ばれる

ゆるポイント2 複雑で難しい作業は発生しない

本節からは、オンライン事務としてよく頼まれる仕事内容の一部を紹介していきます。

営業の事務サポートを知ろう

クライアントが顧客を増やすためにするのが営業や商談です。その際に出てくる細々とした仕事をオンライン事務に頼むこともあります。まず、私がよくおこなう営業の事務サポートには、「新規契約獲得前のサポート」と「新規契約獲得後のサポート」の2種類があります。

まず、次ページの図の上段にある通りクライアントが顧客候補の人と商談

図2-3　新契約獲得前・獲得後の動き

獲得前
見積書の作成
営業資料の作成
オフライン商談の手配
オンライン商談の手配
獲得後
やるべきことの整理
契約書のやりとり（電子が多い）
契約書
今後の連絡手段の確保
必要な人員の声がけ

をする際の準備が色々とあります。営業の事務サポートにおいて**「あとはクライアントが顧客候補の方と話すだけ」という状況を作り出すためにできることを全ておこなっています**。例えば、営業資料の作成サポートなどです。さらに詳しい仕事の進め方は第6章で解説しています。

また、新規契約を獲得した後のサポートも非常に重要です。クライアントが契約を獲得した後の動きが悪かったり、遅かったりすれば、すぐさま顧客は不安になるからです。そのため、新規契約を獲得した後は上図の下段のようなサポートをよくおこなうので、紹介します。

ただ、**契約獲得後のサポートでまず大事なのが、「誰が」「何を」「いつまでにおこなうのか」を整理すること**です。まずは商談や打ち合わせの場で決まっていた「やること」を整理し、とりかかり、その後、前ページの図のような対応などをおこなっていきます。

契約書や電子契約などの準備

次に、契約書のやりとりです。契約書は少し前までは紙でのやりとりがほとんどでしたが、現在では電子契約サービス（クラウドサインなど）を使ってWeb上で捺印をし、契約を交わすのが主流です。電子契約というと難しそうなイメージがありますが、実はそれほど難しくありません。メールで契約書のデータを送り、内容を確認してもらい、パソコン上でサインをしてもらうだけでOKです。**その電子契約サービスの登録や利用、顧客との契約書の内容のやりとりなどをオンライン事務がおこないます。**契約書の内容について相手から指摘をもらった場合には、顧問弁護士などに相談し、やりとりを仲介します。ただ、契約書の内容に関して最終判断をするのはクライアントなので、正確には「顧客」「顧問弁護士」「クライアント」の三者の仲介役です。

今後の連絡手段とその準備

また、今後の連絡手段の確保もおこないます。2-9でも紹介しますが、基本的な連絡はチャットツールをよく使います。**最初はメールでも「今後のやりとりはチャットにしましょう」となることが多いので、その準備をオンライン事務がおこないます**。具体的には「顧客とつながる」「クライアント・顧客・自分のグループを作る」などです。

そして、新規契約に必要な人員へ声がけをします。**「誰に」「いつから」「どんな仕事で」(業務委託ならば報酬金額も)などを調整し声がけをする感じ**です。「営業の事務サポート」「新規契約のサポート」と聞くと難しそうに感じるかもしれませんが、旅行の際には事前に行く場所や順番を調べるタイプなど、段取りを考えるのが好きな人には特に向いています。

基礎知識　時短　関係性向上　収入アップ　効率化アップ　モチベーションアップ

経理の事務サポートをしよう

ゆるポイント1　心配性な性格はオンライン事務にとって強み

ゆるポイント2　完璧な経理の知識がなくてもはじめられる

実は完璧な経理の知識がなくてもはじめられる

経理の事務サポートの仕事とは、クライアントのお金関連の仕事です。経理と聞くと専門知識が必須だと思うかもしれません。ただ、実は**経理の事務サポートは完璧な経理の知識がなくてもはじめられます**。「経理に関する難しいことや複雑なことは専門家に聞けばいいから」です（もちろん知識があるに越したことないですが、なくても大丈夫です）。例えば「見積書・請求書・領収書の発行」などは、最初のうちは「この金額で、この会社名宛に、

図2-4　経理の事務サポートが向いているかチェックしよう

- □ メールをやりとりする際に文章を何度も見直してしまう
- □ 連絡して返事がないと心配になる
- □ 子供やパートナーの忘れ物に気づいたら心配になる

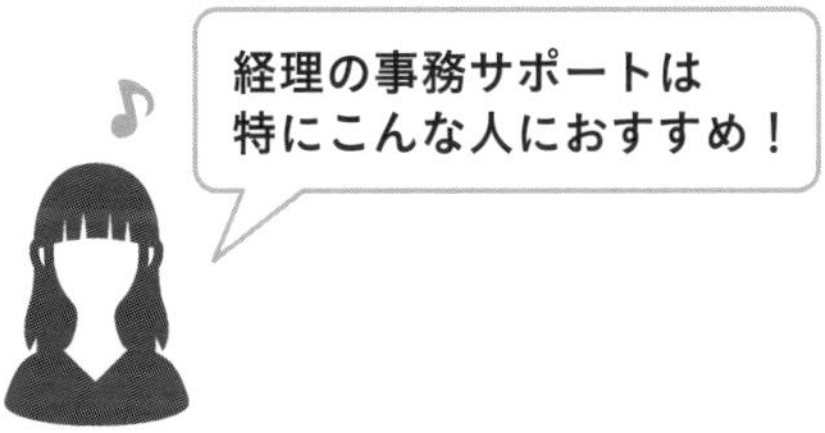
経理の事務サポートは
特にこんな人におすすめ！

○○円で請求書を作成してほしい」のように指示をもらい、その通りに作成すれば問題ありません。

もし、この仕事の時に具体的な経理の知識が必要なことがあっても**クライアントの顧問税理士や、所属地域の税務署などの専門家に聞けばOK**です。電話やメールなどで「今何に困っているか」を伝えてやりとりをすれば基本的に仕事は問題なく進められます。

経理の事務サポートの仕事例

ここでは経理の事務サポートの仕事内容の一部を簡単に紹介します。詳細は39ページの表を参照してください。

経理の事務サポートでは、間違いがあっては大変なので、何度も確認するような心配性な人に特に向いています。例えば、外出した後に家の鍵をかけたか心配になる人などです。

経理の事務サポートがおすすめの理由

「クライアントの経理の事務サポート」、この仕事はすごくおすすめです。なぜなら、経理の事務サポートは**毎月一定量の仕事があるため、収入が安定するから**です。どんな業種のクライアントでも、毎月請求書を発行したり、報酬を支払ったりなど、経理の作業はほぼ必ず発生します。その分、毎月一定量の業務があることは、収入の安定にもつながります。

また、この経理の事務サポートでは、**業務内容自体はどのクライアントでもほぼ同じです。なので、一度覚えてしまえば「ずっと使えるスキル」になります**。毎月の収入が安定し、他のクライアントと仕事をする上でも役立つ。そんなおすすめの仕事が「経理の事務サポート」です。

表2-1　経理の事務サポート：仕事例

主な仕事	仕事内容
見積書・請求書・領収書のPDFをデータで保管・整理	見積書・請求書・領収書のPDFデータをGoogleドライブなどで保存しておく。その際にPDFのタイトルを「顧客名_請求金額_発行日」のようにわかりやすく統一して、フォルダに入れて整理する。整理の仕方の詳細は税理士や税務署に尋ねながら決めることもできる
勘定科目の登録代行（会計ソフトを使用）	会計ソフト（freeeやマネーフォワードなど）でクライアントが使った経費の登録などをおこなう。例えば、仕事に使う書籍を購入した際には「新聞図書費」と登録する。税理士や会計ソフトを運営している企業が書いているWeb記事を参考にしつつ、クライアントの顧問税理士に確認し、登録をする
クライアントの顧客からの入金確認	クライアントの顧客から期日までにお金が支払われているのかをチェックする。例えば、「4月30日までに10万円が支払われる」予定であれば、5月1日に指定の銀行口座へ振り込みがあるか確認する
仕事をお願いしている業務委託の方々への支払い	クライアントが仕事をお願いしている方への支払いを代行する。クライアントの銀行口座にログインし、そこから指定の銀行口座に期日までに支払いをおこなう

2-5

基礎知識　モチベーションアップ

総務の事務サポートをしよう

ゆるポイント1　「締め切りを守れる、説明書を読むのが好き」なのは強み

ゆるポイント2　マニュアルを読めば専門知識は不要

専門的な知識不要ではじめられる総務の事務サポート

総務の事務サポートとは、一般企業の中で総務部が担当している書類作成や各種申請業務のサポートなどを幅広くおこなう仕事です。この総務の事務サポートも経理同様に、最初は専門的な知識がなくても仕事をはじめられます。この仕事で大事なのは、**マニュアルや説明書などをきちんと読んで書類を作成し、必要に応じて関係者と連絡を取ること**です。

まず、申請書類などを作成する際には、自治体などの申請先が作成してい

図2-5　総務の事務サポートが向いているかチェックしよう

- □ 小中学生の時、夏休みの宿題は早めに終わらせていた
- □ 会社での提出物は必ず数日前に出している
- □ 提出物はもらったらすぐ確認して出したい
- □ 家電でもなんでも説明書は必ず読むほう

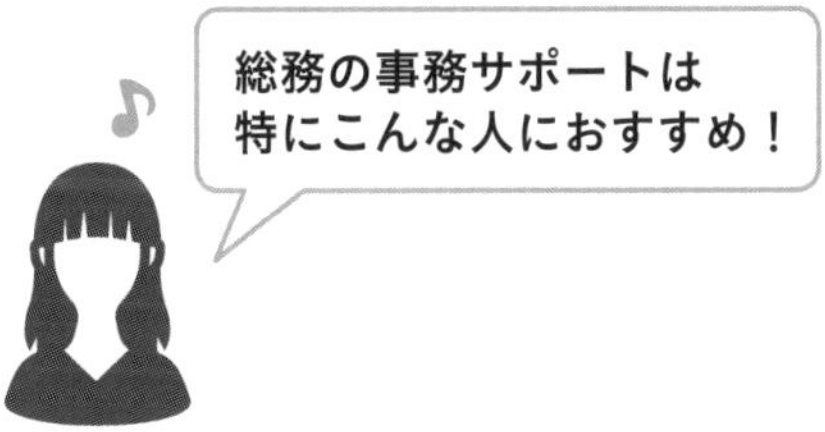
総務の事務サポートは
特にこんな人におすすめ！

るマニュアルを読んで、申請に必要な書類の用意など、マニュアルの通りに準備を進めます。もし、マニュアルだけでわからない場合や、マニュアルに載っていない内容を知りたい場合は、**管轄の自治体などにメールや電話で問い合わせて確認をすれば問題ありません。**

総務の事務サポートの仕事例

ここでは総務の事務サポートの仕事内容の一部を簡単に紹介します。詳細は43ページの表を参照してください。

総務の事務サポートでは、締め切りの多い仕事ばかりなので、昔から締め

切りをきっちりと守っていたタイプに特におすすめです。例えば、学生時代の夏休みの宿題を余裕をもって終わらせていたような人です。

また、マニュアルや手順書を読みながら仕事を進めることも多いので、家電を買ったら説明書を一応読むタイプにも向いています。

総務の事務サポートがおすすめの理由

総務の事務サポート（特に申請業務）は、オンライン事務未経験者におすすめです。なぜなら、**この仕事では基本的にマニュアルがあるから**です。未経験の仕事をする際によく困るのが、「仕事の段取りがわからないこと」ではないでしょうか。とはいえ、クライアントに時間をとってもらって質問回答の時間を設けてもらうのも気がひけるのが正直なところです。その点、**申請先には基本的に申請に必要な疑問に関する窓口などもあるので、質問もしやすい**です。

マニュアルがあり、わからない点は質問もしやすい。そんな未経験でも進めやすい仕事が総務（特に申請業務）の事務サポートです。

表2-2　総務の事務サポート：仕事例

主な仕事	仕事内容
法人を設立する際に必要な各種書類の作成や提出のサポート	法人を設立する際に必要な各種書類を作成したり、提出するためのお手伝い
補助金申請などのサポート	各種申請のための作業をサポートする。これらの書類の場合には、必ず申請先の自治体などが用意しているマニュアルがあるので、そちらの内容に沿って手続きをすればOK
経営セーフティ共済など経営者が入れる共済へ加入するための書類作成サポート	法人を経営しているクライアントに「経営者しか入れないような共済などに加入したい」と言われた場合に、対象のサービスや制度などを調べて、申し込み書類を取り寄せたり、記入の仕方がわからない場合にはその補助をする。これらの書類には必ず記入例があるので、それを見ながらサポートできればOK

2-6

基礎知識　モチベーションアップ

人事の事務サポートをしよう

ゆるポイント1 **未経験でも相手の立場に立って仕事を進めればOK**

ゆるポイント2 **人事の経験や専門知識はいらない**

人事の事務サポートの仕事を知ろう

どんな業種のクライアントでも、自分1人だけで仕事を完結している人はほとんどいません。多くのクライアントは個人や企業に仕事を発注しています。つまり、働いてくれる人を募集したり、応募者とやりとりをしたり、いわゆる人事のような仕事が必要になるということです。こうした人事関連の事務サポートもオンライン事務の仕事になります。例えば、**求人原稿を作成したり、応募者とメールやチャットでやりとりをして、クライアントと応募**

図2-6　人事の事務サポートが向いているかチェックしよう

- □ 人からの相談は嬉しいし力になりたい
- □ 世間話など他愛もない話を人とするのが好き
- □ 間接的にでも、人に喜んでもらえると嬉しい

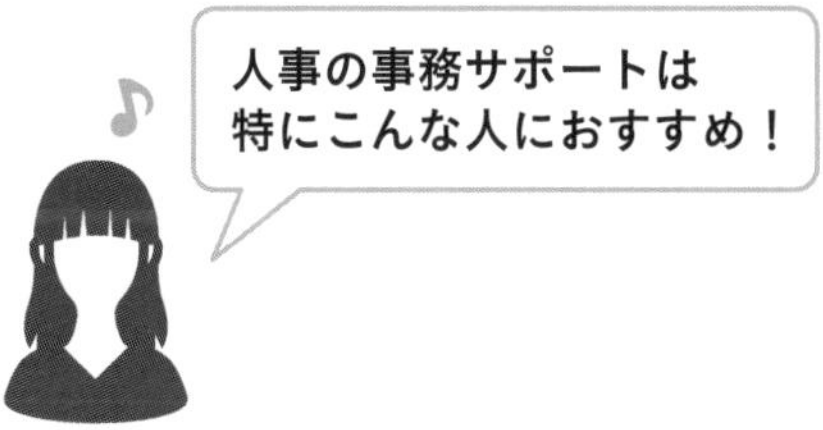
人事の事務サポートは
特にこんな人におすすめ！

者の面談日程を調整したりなどです。

また、採用だけでなく、継続して仕事をお願いする方に対してのフォローをおこなうこともあります。「今の報酬に対して満足しているのか」「今後はどのような仕事をしていきたいのか」などを聞き、クライアントが今後お願いする仕事の内容などに活かしてもらいます。そのためには、仕事をお願いしている方が話しやすいように話を振ったり、過去にお願いした仕事に対してクライアントが喜んでいた仕事っぷりを話したりして、なごやかな雰囲気を作り、話を聞いていきます。

大切なのは相手のことを考えること

人事の事務サポートで**大切なのは「相手のことをいかに考えられるか」**です。例えば、求人原稿を作るにしても、ほしい人物像を踏まえた上で「どのような文言だったら数多くある求人の中から魅力的に映るのか」などを考えつつ文章を作成することが大切です。ここでも専門的な知識よりも、求職者をいかに思いやって行動できるかが大事になります。もちろん専門的な知識が必要な場合は、必要に応じて税理士や社労士、弁護士などの専門家と話せば全く問題ありません。

人事の事務サポートの仕事例

ここからは人事の事務サポートの仕事内容の一部を簡単に紹介していきます。詳細は次ページの表を参照してください。

人事の事務サポートでは、日々多くの人と関わるので、人と関わることが苦じゃないタイプに向いています。例えば、友人の話をついつい聞いてしまったり、1人旅よりも複数人で旅行するほうが好きだったりする人です。

表2-3　人事の事務サポート：仕事例

主な仕事	仕事内容
求人原稿の作成や掲載の手続き	求人サイトに出す際の文章を作成したり、応募するための基本的な登録などをおこなったりする
求人へ応募してきた人から提出された書類の整理	「履歴書」や「職務経歴書」、「これまでの仕事の実績」などの応募書類を整理する。応募人数が数十人に及ぶこともあるので、クライアントが書類を見やすいように整理する必要がある
求人の応募者との面談の日程調整	応募者とオンライン面談をする場合の日程調整もおこなう。メールやチャットなどで連絡を取り、面談をするクライアントとの日程調整をする。また、オンライン面談で使うビデオ会議の準備などもオンライン事務がおこなう
仕事をお願いしている人とのコミュニケーションやフォロー	普段から仕事をお願いしている人に、希望する仕事のヒアリングなどを、ダイレクトメッセージや時にはビデオ面談などでおこなう
新規案件の依頼	営業の事務サポートにも通ずるが、新しい仕事がはじまる際に、必要な人員に「いつから、どのような仕事をお願いしたいのか」を声がけをして、スムーズに仕事が開始できるようにする

2-7

基礎知識　時短　関係性向上　収入アップ　効率化アップ　モチベーションアップ

タスク管理をしよう

ゆるポイント1　**おせっかいが強みになる**

ゆるポイント2　**優しいお知らせで関係性がうまくいく**

タスク管理の仕事内容を知ろう

タスク管理とはクライアントが「この日までに○○をしなければいけない」という宿題をやりとげるよう見守る仕事です。例えば、締め切りの数日前から「締め切りは○日ですよ」と知らせるような仕事を指します。「それくらい自分でできるのでは？」と思うかもしれませんが、実際のところ難しいと感じているクライアントが多いです。クライアントは様々な顧客と同時に多くの仕事をおこないます。その全てのタスクをミスなく把握し続けるのは難しいです。また、クライアントは

図2-7　タスク管理が向いているかチェックしよう

- □困っていそうな人を見るとつい声をかけたくなる
- □子供の持ち物や提出物の締め切りを管理（確認）している
- □よく「もっとこうしたほうがいいのになぁ」と思うことがある

日々多くの連絡を受け取るので、タスクのアラーム連絡を見逃すこともあります。そんなクライアントに対して何度もアラーム連絡をすると、非常に喜ばれます。なぜなら、大事な連絡やタスクを見逃して顧客に迷惑をかけることを恐れるからです。

大切なのは使う連絡ツールと伝え方

タスク管理で大切なのは、**クライアントが絶対に見る連絡ツールでタスク管理をし、できるだけやわらかく締め切りを伝えること**です。世の中には便利な連絡ツールやタスク管理ツールがたくさんありますが、どうしても個人的な好みは出てきます。クライアントの中には「▼▼ツールしか使ってない（他は使いにくい）」という人もいるので、それぞれの好みに合わせて連絡ツールを使いましょう。

また、**やわらかく優しく伝えることも大事**です。クライアントも人間です。同じタスク管理の仕方でも優しくお知らせされるのと、淡々とお知らせされるのとどちらがいいでしょうか？　私の経験上、優しくお知らせするほうが、クライアントとの仕事も円滑に進むので、優しい伝え方のほうが断然おすすめです。

究極のタスク管理はタスクを減らすこと

「管理するタスクを減らす」これが究極の形です。そもそもクライアントがオンライン事務に仕事をお願いする理由の多くが、**今自身でしている業務をどんどん減らし、自分にしかできない仕事の時間を確保したいから**です。したがって、オンライン事務である私たちが代わりにタスクを処理していき、タスクの量を減らしていけば非常に喜ばれます。まず、タスクを期日や重要度の順にきれいに整理し、お知らせします。

次に、きれいに並べたタスクの中で、自分ができそうなことを巻き取って進めてい

図2-8　巻き取れるタスクは自分で処理する

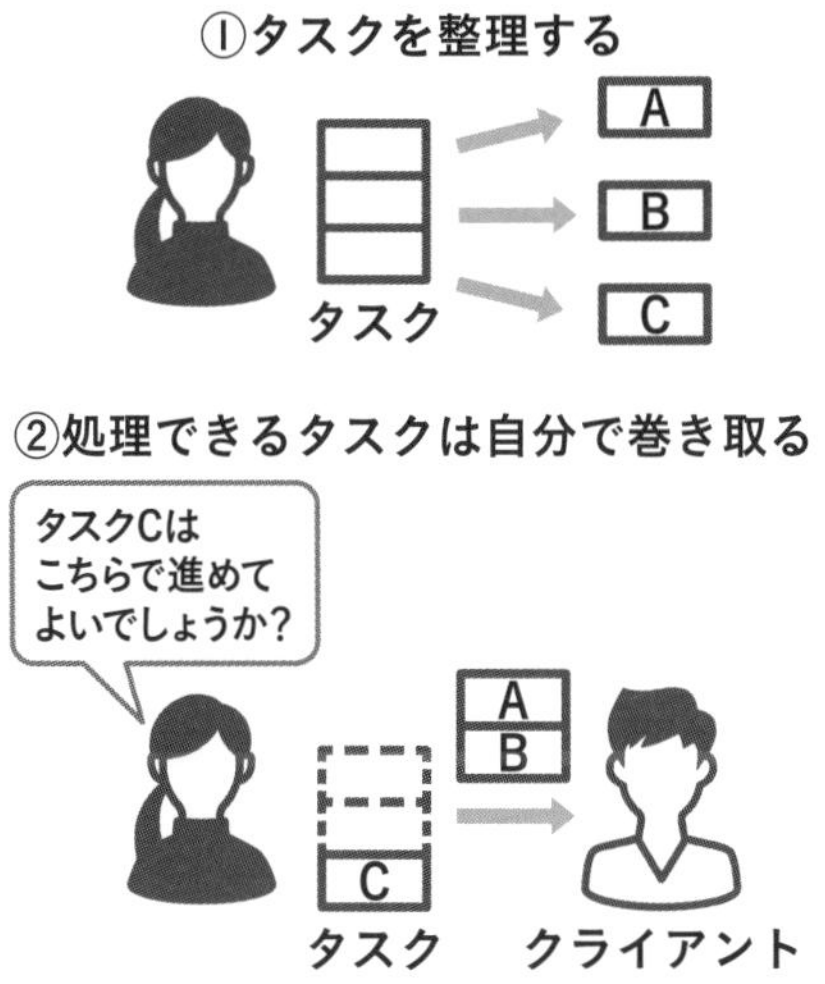
①タスクを整理する
タスク
A
B
C
②処理できるタスクは自分で巻き取る
タスクCは
こちらで進めて
よいでしょうか？
A
B
C
タスク
クライアント

きます。クライアントの許可を得た上でどんどん進めていくと、クライアントのタスク一覧から、タスクが減っていきます。そうしていくうちに、**クライアントは限られた時間の中で、自分にしかできない仕事に集中することができる**ようになります。

タスク管理の仕事では、忙しいクライアントに何度も連絡をする必要があります。そのため、おせっかいといわれるようなタイプがこの仕事に向いていると思います。例えば、うまくいってない仲間を見るとつい手助けしちゃうような人です。

これだけ整えればOK! パソコンとネット環境

ゆるポイント1　パソコンとネット環境があれば初期費用は0円

ゆるポイント2　ネット環境は「光回線」がおすすめ

最初に必要なのはパソコンとネット環境

オンライン事務に必要なものは、パソコンとネット環境です。それらがすでにあれば初期費用0円ではじめられます。一方で、パソコンの購入やネット環境の整備を検討中の方は本節の内容を参考に選んでみてください。

パソコンは「Zoomがサクサク動くかどうか」を基準に選ぼう

まず、パソコン選びのポイントは「CPU」です。CPUとはパソコンの頭脳レベルのことで、このCPUがよいほど処理が速いので、快適に仕事を進められます。しかし、CPUがよければその分パソコンの金額が跳ね上がります。したがって、動画編集のような重い作業をしないのであれば、CPUはビデオ会議ツールの「Zoom」が問題なく動くかを基準に選べばまずは十分です。Zoomは仕事だけでなく、選考の1つであるビデオ面談でもよく使われます。もし、CPUがよくないとビデオ画面が途中で止まってしまったり、音声が途切れてしまったりなど、進行に支障が出ます。そのため、**Zoomのホームページで必要なCPUの性能を確認してから購入をしましょう**。

自宅のネット環境は「光回線」がおすすめ

ネット回線は**問答無用で「光回線」を選びましょう**。スムーズな業務に安定したネット回線は不可欠です。ネット回線が不安定だと、それだけでビデオ会議がスムーズに進行できないなどの事態が起こるからです。また、契約前にはお住まいの地域で速い回線が使えるのか確認する必要があります。そうした確認は、各社のホームページに住所を入力すると、無料で診断してくれたり、オペレーターが答えてくれたりするので、事前に必ずチェックしましょう。

2-9

効率化アップ

作業に必須なWebツールを確認しよう

ゆるポイント1　オンライン事務に必要なツールは基本無料で使える

ゆるポイント2　ツールは実際に使うことが上達の近道

働く際に必須のWebツール

オンライン事務はオンラインでの仕事が基本であるため、仕事をする際に避けて通れないのが「仕事でよく使われるツールの使い方を覚える」ことです。しかし、ツールの数を見てみると非常に多くの種類が存在し、一体どこから覚えたらいいか混乱すると思います。したがって、ここからは**「オンライン事務として仕事をするために絶対に必要なツール」を紹介します**。また、「どこまで使えたら仕事をする上で支障ないのか」という点も一緒に解説していきます。

表2-4　オンライン事務に必須のWebツール

チャットツール	クライアントやクライアントのお客様と連絡を取る際に使う。この3種類の中でも、まずはチャットツールの使い方を覚えるのがおすすめ
Google系オフィスツール	MicrosoftのWord・Excel・PowerPointの代わりとして使用できる。Googleのオフィスツールが使えればMicrosoftのツールは使えなくても問題ないことがほとんど
ビデオ会議ツール	クライアントの会議に同席をして議事録を取ったり、ミーティングURLを発行したりする。オンライン事務の選考でも使われる

必須のWebツールは3種類

まずは、オンライン事務の仕事でよく使われるツールの種類を紹介します。**それは「チャットツール」「Google系オフィスツール」「ビデオ会議ツール」の3つ**です。上図のように、それぞれ特徴がありますのでまずはざっと目を通してみてください。

チャットツールは「Chatwork」と「Slack」

オンライン事務の仕事でよく使うチャットツールは「Chatwork（チャットワーク）」と「Slack（スラック）」

です。多くのクライアントはどちらか（あるいは両方）をよく使っているので、まずはこの2つを覚えましょう。これらはメールアドレスさえあれば、無料で簡単に登録することができます。また、選考の段階での連絡手段でどちらかのツールが使われることもあります。実はその連絡を取っている段階ですでにオンライン事務としての適正（チャットツールをスムーズに使えるか）を確認している、なんてこともあるのです。つまり、これらのチャットツールを使えれば、**スムーズに仕事ができるだけでなく、選考での評価が高くなることもあるので、最初に覚えておくのをおすすめ**します。ちなみに、選考・仕事の際にはまず無料プランで十分です。クライアントの仕事内容やチャットツールの活用量によっては月額500〜1，000円ほどの有料プランにする必要も出てきます。

チャットツールはどこまで使えれば大丈夫？

チャットツールは**「アカウント登録」「メッセージの送受信」「スタンプの使用」「PDFや画像、ファイルの送付」**までできればひとまずOKです。これはChatworkやSlackに限らず、他のチャットツールでも同様に、最低限クライアントと仕事のやりとりをする上で大事な基準です。

ちなみに「登録の仕方がわからない」などの具体的な使用方法に悩んだらGoogleで調べましょう。「Chatwork　登録方法」などで検索してみると画像付きの解説記事がたくさん出てきます。本当は、本書で簡単に説明してもいいのですが、あえてやめました。というのも、ツールは登録の画面やボタンの位置などがすぐに変わります。**最新の情報はネットで検索したほうが確実**ですので、ネットの情報をうまく活用しましょう。

Google系オフィスツールは3つ覚える

「Word・Excel・PowerPoint」に代わるGoogle系のオフィスツールは、それぞれ「Word」→「Googleドキュメント」、「Excel」→「Googleスプレッドシート」、「PowerPoint」→「Googleスライド」です。各ツールを簡単に説明すると、「Googleドキュメント」は文章を書くのに適しているツール、「Googleスプレッドシート」は表の作成や情報の整理に適しているツール、「Googleスライド」は資料を作成するのに適しているツールです。

これらのツールでは**「文字の入力」「最低限の装飾（太字にする・文字の色を変えるなど）」「作成したファイルの共有」**ができれば最初はOKです。Google系のツールには1ファイルにつき1つのURLが自動で作られます。自分で作成した議事録のGoogleドキュメントをクライアントに見てほしい場合には、自動生成されたURLをコピーして相手にチャットツール等で送れば、相手はそのファイルを見ることができます。とても便利ですので、その方法も知っておく必要があります。細かい操作方法が必要な際には「Googleドキュメント　共有方法」などで調べてみてください。

ビデオ会議ツールは「Zoom」と「GoogleMeet」

ビデオ会議ツールは「Zoom（ズーム）」と「GoogleMeet（グーグルミート）」が使えればまずはOKです。どちらもメールアドレスさえあれば、無料で登録することができます。

ビデオ会議ツールでは**「会議に参加する」「会議に参加するためのURLを発行する」「画面共有をする」「画面共有権限を他者に与える」**ができればOKです。ビデオ会議では、会議ごとにURLが1つ発行されます。参加者はそのURLをクリック

表2-5　代表的なアプリと押さえたい機能のポイント

	代表的なアプリ、ツール	使えるようになりたいポイント
チャットツール	・Chatwork ・Slack	・アカウント登録 ・メッセージの送受信 ・スタンプの使用 ・ファイルの送付
Google系オフィスツール	・Googleドキュメント ・Googleスプレッドシート ・Googleスライド	・文字入力 ・文字の装飾 ・作成済ファイルの共有
ビデオ会議ツール	・Zoom ・GoogleMeet	・会議に参加 ・会議のURL発行 ・画面共有 ・画面共有権限の付与

し、会議に参加するのですが、絶対にできるようになっておきたいのが**「ビデオ会議に参加できること」**です。また、クライアントから「15時に田中さんとビデオ会議をするから、URLを発行してくれる？」と依頼されることも多いので、**会議のURLの発行もできるようになりましょう**。さらに、ビデオ会議中に自身の手元のパソコンの画面を参加者に共有（他の参加者がオンライン事務の人のパソコンの画面を見えるように）しながら話すことや、参加者から「画面共有をしたいからその権限がほしい」と言われるもあります。そのため、**画面共有と画面共有権**

限の付与ができるようになっておくことも大事です。

ツールを覚えるためには「手を動かしながら使う」が一番

新しいアプリやツールの使い方を覚えるための近道は「**実際に使ってみる**」、これが一番です。今回紹介したアプリやツールは全て無料で使えます。まずは「Chatwork」の登録からはじめてみてください。登録自体は2~3分ほどで終わるので、今からサッとやってしまいましょう。登録したら「今晩の献立」や「買い物メモ」などなんでもいいので、「マイチャット（自分1人のチャットスペース）」で自分に文章を送ってみてください。

スプレッドシートは持ち物リストや家計簿をメモしてみるといい練習になります。実際に私が今オンライン事務として仕事をお願いしている方も最初は全くこれらのアプリやツールが使えませんでした。しかし、家計簿をスプレッドシートで作ってみたり、学校のPTAで話し合った内容をドキュメントにまとめたりした結果、今ではWebアプリを使いこなす売れっ子オンライン事務になっています。

こうした小さなことをコツコツできるかできないかで、オンライン事務として売れっ子になるか、そうでなくなるかの明暗が大きく分かれます。ぜひ少しずつ取り組んでみてください（そうこうしているうちに、Chatworkの登録は終わりましたでしょうか？）。

オンライン事務の選考でもこれらのツールは使われる

選考の際には、本節で紹介したツールを1つは使うことがほとんどです。例えば、書類選考ではGoogle系のオフィスツール、スキルテストや採用担当者とのやりとりではチャットツール、オンライン面談ではビデオ会議ツールを目にすると思います。しかし、本節で紹介したツールは、日常生活では使わないものばかり。知らない人も多いです。なので、これらのツールを使えると、それだけで他のライバル達に差をつけられます。必ず一度は触っておきましょう。ちなみに、読者特典（4ページ）の「履歴書」「職務経歴書」はGoogle系のオフィスツールで作成しているので、一度見てみてください。

2-10

基礎知識　時短　関係性向上　収入アップ　効率化アップ　モチベーションアップ

セキュリティで注意すべきこととは

ゆるポイント1　**セキュリティ意識が高ければ関係性がうまくいく**

ゆるポイント2　**少し意識を変えれば情報漏えいの可能性は限りなくゼロに**

セキュリティ意識が低いと認識されたらすぐ仕事はなくなる

オンライン事務として働く上で最も大事なのはWebの知識やミスを全くしないことではなく、**セキュリティ意識がしっかりしていること**です。正直、Web系のスキルや知識は仕事をはじめた後でも身につきます。また、仕事でたとえミスをしても再発防止策を考え、きちんと謝罪をすれば、クライアントとの信頼関係に大きな傷がつくことはあまり多くありません。しかし、セキュリティ意識が低いと思われると一発で退場、すぐさま仕事を切られ、契約終了ということが多くあります。それくらい怖いことです。そのため、「Web系の知識の勉強をして、選考も頑張ってせっかく通過したのに、セキュリティ意識が低かったためにすぐに仕事がなくなってしまった」なんてことが起きないようにわざと強くいっています（ごめんなさい！　でも愛ゆえの言葉です）。

絶対にやってはいけないこと

一発退場になりかねないことを紹介します。それは、**「仕事で知り得た情報を他人（家族含む）に漏らす」「パソコンやスマホにロックをかけていない」「セキュリティソフトを入れていない」**です。

仕事で知り得た情報は絶対に他の人に話してはいけません。たとえどんなに親しい友人でも家族でも絶対にいけません。クライアントの大事な事業の情報や顧客の情報を預かって仕事をする立場です。たとえ悪意はなくても、誰かに少し話した内容でクライアントに損害が出たり、クライアントのお客様に迷惑がかかったりすることだってあります。また、迷惑がかかるだけでなく、時には損害賠償請求をされることもあるので、仕事をする上で知り得た情報は絶対に誰にも話してはいけません。

図2-9　仕事をする際の注意点

家族や友人に
仕事の話はNG
!
PC・スマホに
パスワード
セキュリティ
ソフトを入れる

　また、たとえ人に話さなくても、**機密情報など大事な情報を書いた紙などを誰でも見られる場所に置くことも厳禁**です。例えば、クライアントの大事なサイトへのログインパスワードを紙に書いてリビングに置いていくなどはやめましょう。そこから情報が漏れてしまい、クライアントに被害が出たら信用は一発で地に落ちます。また、仕事で使うパソコンを家族と共有してはいけません。在宅仕事の基本として、パソコンは家族と別にしましょう。

　それから、**パソコンやスマホにロックをかけていないのも絶対にNG**です。パソコンは、クライアントの顧客情報・社外秘の営業資料やデータなど、機密情報が詰め込まれている非常に大切なものです。また、スマホで仕事をすることもありますし、パソコンやスマホが盗難に遭ったり、紛失してしまったりした時にロックがかかっていないのは、かなり危ない状況です。第三者が勝手にクライアントの機密情報にアクセスできる状態になってしまうので、情報漏えいしてしまうかもしれません。

そして、**さらに大事なのが「セキュリティソフトを入れること」**です。どんなに気をつけていてもパソコンがウイルスに感染してしまうかもしれません。しかし、**セキュリティソフトが入っていれば、難を逃れる**こともあります。セキュリティソフトは必要なものとして必ずダウンロードしましょう。ちなみに、ウイルスに感染しないためにはよく知らない相手から送られてきた怪しいURLをクリックしないことも大切です。クリックしただけでウイルスに感染してしまうこともあるからです。

こうした細かい行動の積み重ねで「セキュリティ意識」に大きな差がでます。クライアントは、機密情報が漏れたら大変なので、セキュリティ意識の低い人には仕事を任せません。セキュリティ面で悔しい失点をしないよう、気をつけて仕事をしましょう。

Column 2

ExcelとWordの必要性

2－9で「Google系オフィスツールを覚えましょう」とお伝えしました。それは、**Google系オフィスツールは無料で非常に使いやすい機能が満載なので、多くのクライアントが使っているから**です。では、ExcelとWordは覚えなくてもよいのでしょうか。答えはNOで、クライアントの仕事内容やその顧客によります。企業によっては今でもMicrosoftのExcelやWordを使います。ただ、多くの企業はGoogle系オフィスツールを使っているので、最初からのExcelやWordを覚える必要はないですし、購入する必要もありません。

しかし、一方で、急にWordのファイルを開く必要などが出てくることもあります。その場合は、**無料で登録できるWeb版の「Microsoft 365」を使ってみてください**。一部の機能が制限されていますが、ファイルを開く・保存する・文字を入力するなど簡単な作業だったらこのWeb版の「Microsoft 365」で十分おこなえます。

もし、メインのクライアントがMicrosoftのオフィスツールをメインで使っているのであれば、初めてそこで購入を検討しましょう。初期費用は安く済ませることが副業では重要な視点です。

第3章

まずは
単発の仕事から
はじめてみよう

アクセスキー　k
（小文字のケー）

3-1

基礎知識　時短　関係性向上　収入アップ　効率化アップ　モチベーションアップ

オンライン事務の仕事の獲得場所は3ヶ所

ゆるポイント1　自分にあった働き先を選ぶことができる

ゆるポイント2　3ヶ所それぞれのメリット・デメリットを理解しよう

まずは3ヶ所の特徴を押さえよう

オンライン事務の仕事は「オンライン秘書会社（事務会社）」「クラウドソーシング」「1人社長・個人事業主」の3ヶ所で見つけられます。 本節ではそれぞれの特徴と働く際のメリット・デメリットを解説し、次節では本書でおすすめするオンライン事務になる方法（ロードマップ）について紹介するので、今すぐに応募先を決めなくても大丈夫です。

ちなみに、オンライン事務は「オンライン秘書」とも呼ばれます。ただ、

図3-1　オンライン事務の仕事を獲得できる場所

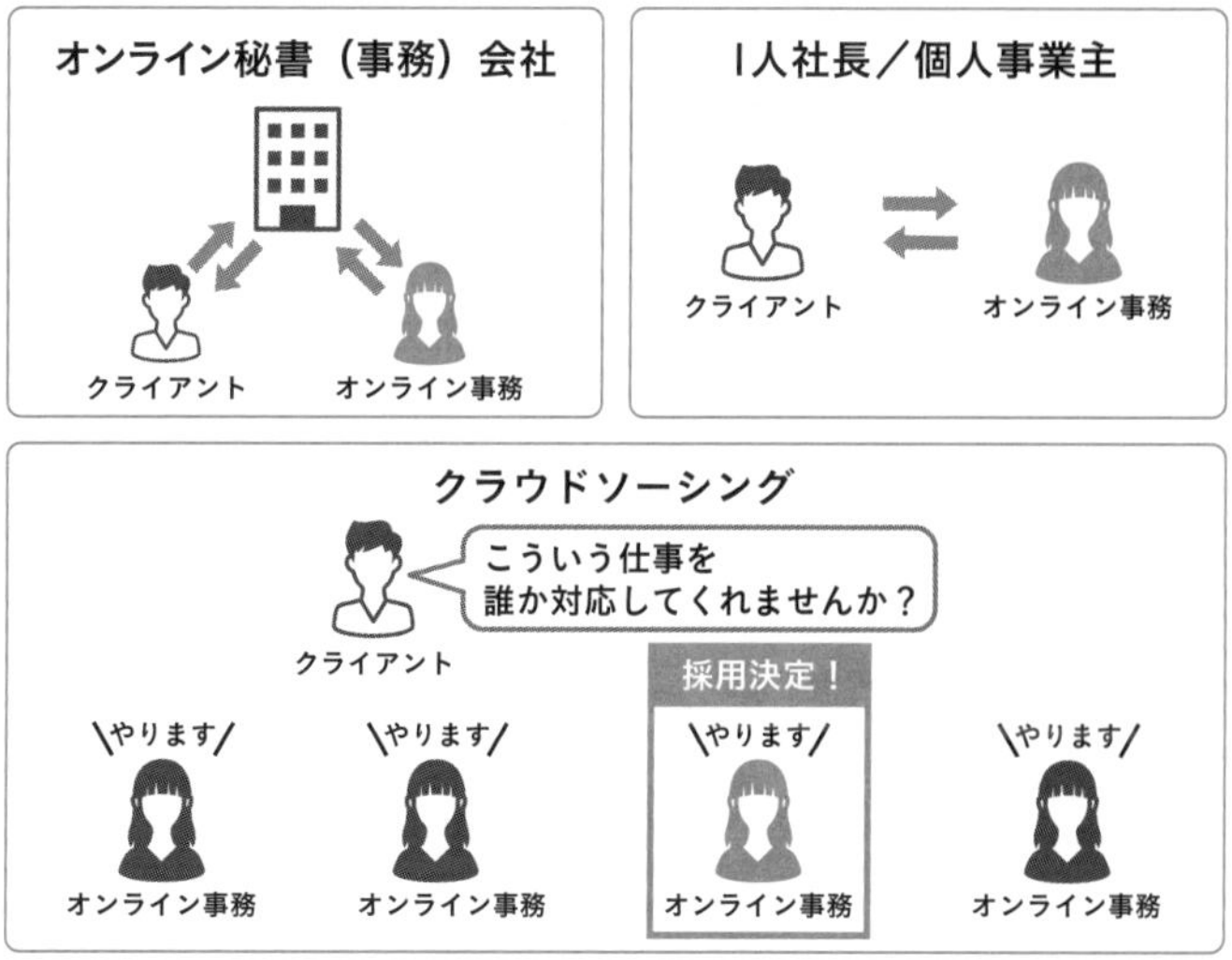

オンライン秘書（事務）会社
クライアント
オンライン事務
1人社長／個人事業主
クライアント
オンライン事務
クラウドソーシング
こういう仕事を
誰か対応してくれませんか？
クライアント
採用決定！
やります
オンライン事務
やります
オンライン事務
やります
オンライン事務
やります
オンライン事務

両者に明確な違いはなく、色々な呼び方があるだけですので、同じものと思ってください。これから紹介する仲介会社は一般的に「オンライン秘書会社」と呼ばれていますが、オンライン事務（秘書）に仕事をお願いする会社であることに違いはありません。

オンライン秘書会社の特徴とメリット・デメリット

オンライン秘書会社は、オンライン事務に働いてほしいクライアントと実際に働くオンライン事務の橋渡しをおこなう、いわば派遣・仲介会社です。

仕事開始後、オンライン秘書会社の社

員がクライアントとの間にどれだけ入るかは会社によって大きく異なります。「完全に紹介だけ」「一緒に仕事に携わる」「緊急時やトラブル時にだけ調整をする」など、関わり方は様々です。有名なのは株式会社キャスターの運営する「CASTER BIZ」や株式会社クラウドワークスの「ビズアシスタントオンライン」などです。

ここで「オンライン秘書会社のメリット・デメリット」を紹介します。まず、メリットは**サポート体制やマニュアルが充実していること**です。これは未経験者にとっては非常に大きなメリットといえます。ただ、サポート体制やマニュアルがあるといっても、仕事の全てを手取り足取り指導されるというわけではないのでご注意ください。一方で、デメリットは**報酬が安い**ことで、時給が900円前後と比較的安めなところが多い印象です。ちなみに、ビズアシスタントオンラインは時給1,000円以上の案件も多く、サポート体制もあるので非常に人気の働き先といえます。

クラウドソーシングの特徴とメリット・デメリット

クラウドソーシングは、仕事のマッチングサイトです。働き手を求めるクライアントが求人を出し、求職者が応募し、クライアントの選考規定に沿って選考をおこない、採用者が決まります。

クラウドソーシングの大きなデメリットは、**報酬からクラウドソーシング事務局の手数料が引かれる点**です。例えば10万円分の仕事をしたとします。しかし、その内の5～20％前後が手数料として引かれるので、10万円よりも少ない金額しか手元に残りません。しかし、クラウドソーシングには手数料を支払ってでも有り余るほどのメリットが存在します。具体的にはメリットは4つです。

1つ目は**求人情報を出している企業の過去の実績や評価（いわゆる口コミ）を見ることができる**点です。これまでの実際の他社からの評価を閲覧できるので、比較的安心して応募できます。

2つ目は**本名・給与の振込先などの個人情報を隠したまま仕事ができる**点です。クラウドソーシングのアカウントは本名で登録する義務はなく、また給与もクラウドソーシングから直接支払われるので、基本的にクライアントに個人情報を伝える必要はありません。

3つ目は**クライアントとの間にトラブルが発生した時に運営事務局が間に入ってくれる**点です。個人で働いた際のトラブルの代表例として、「報酬の未払い」があります。働いたのにも関わらず報酬が支払われない場合、条件さえそろえばクラウドソーシングがクライアントの代わりに報酬を支払ってくれることもあります。

4つ目は**「営業リスト」が常にあること**です。個人でオンライン事務をする際に大変なのが、クライアント探しです。一緒に働きたいと思った企業や1人社長・個人事業主がオンライン事務を本当にほしがっているかどうか、パッと見わかりません。求人情報を出していないなら、なおさら難しいです。しかし、クラウドソーシングにおいて「オンライン事務」や「オンライン秘書」のキーワードで検索すれば大量の求人情報が出てきます。「求人情報を出す＝本気でオンライン事務を探している」なので、あとはその中で気に入る企業の求人に応募するだけでよいので、営業先（クライアント探し）に困りません。

1人社長・個人事業主の特徴とメリット・デメリット

最後に1人社長・個人事業主との直接契約について紹介します。1人社長とは、正社員を雇わないで会社を経営している社長のことです。個人事業主とは、会社の経営はしていませんが、個人で事業を営んでいる人のことを指します。

1人社長・個人事業主と働くメリットは3つあります。それは、**報酬が高いこと、比較的自由な環境で働けること、裁量の大きい仕事ができること**です。まず、報酬は時給1,100円以上のものが多く、中には時給2,000円以上の場合も。さらに、クライアントによっては、かなり自由な環境で働かせてもらえます。例えば勤務時間は完全に自由で、何か急に休む事情があっても融通を聞かせてもらえるなどです。また、時には1人社長や個人事業主の事業で重要なポジションを任せてもらうこともあります。一般企業ではCOO（最高執行責任者）と呼ばれるような仕事をおこなうイメージです。本書では「右腕系オンライン事務」として、第7章で詳しく説明しているので、そちらもぜひご覧ください。

一方で、デメリットは2つあります。それは、**マニュアルが整備されておらず、積極的なサポートがあまりないこと**と、**オンライン事務に仕事をお願いしたい1人社長や個人事業主を見つけるのが困難であること**です。まず、事務周りの仕事のマニュアルがほぼありません。なぜなら、1人社長や個人事業主は日々忙しいので、事務マニュアルを準備する時間がなかなか取れないことが多いからです。また、先輩オンライン事務などもおらず、研修のように積極的に教えてもらう機会もあまりありませ

表3-1　仕事獲得先の特徴

	オンライン秘書会社（※業務委託アシスタント）	クラウドソーシング	クライアントへ直接営業
時給の高さ	× 時給870円〜	△ 時給1,000円〜	○ 時給1,100円〜
サポート体制	◎ サポート充実	△ 場合による	× ほぼない
勤務時間	◎ 24時間OK	△ 昼間固定多い	◎ 24時間OK
即戦力のニーズ	○ 初心者もOK	△ 場合による	× 即戦力が必要
営業の必要性	○ 仕事に手を挙げる	○ 選考は必要	× 営業必須
選考の多さ	× 選考が多い	△ 選考が多いことも	◎ いわゆる選考はなし

ん。もちろん、クライアントである1人社長・個人事業主にわからないことは相談できます。そのため、**全く誰にも頼れない環境で仕事をするわけではないので、その点はご安心ください。**

また、1人社長・個人事業主は求人情報を大きく出すこともほぼありません。したがって、1人社長や個人事業主を探す方法としては、Twitterなどの SNSなどで「オンライン事務　欲しい」「オンライン秘書　ほしい」といった様々なキーワードで探したり、SNS上で「素敵だな」と思う方に直接連絡をしたりして、「お試し採用」の提案をすることです（「お試し採用」については、7ー2で説明しています）。この方法であれば、〝コネ〟がなくても1人社長や個人事業主のクライアントを見つけることが可能です。実際に、私の周りのオンライン事務の方達はこの方法でたくさんのクライアントを見つけています。ただし、**クラウドソーシングほど一気にたくさんのクライアント候補を見つけることはできないので、日々地道に探すことが大事です**。

本節で紹介した内容と、本書では語りきれない3ヶ所の仕事獲得場所の違いについては、表にもまとめているので、改めてご覧ください。ちなみに「どこで働きはじめたいか」は自由です。本節を読んで、すでに仕事獲得場所を決めたのなら選考を進めましょう。ただし、いきなり長期契約にあたる、これら3ヶ所で働くのには一定のリスクがあるので、まずは**「単発契約でゆるく副業をする」のがおすすめです**。詳細は3ー3で解説しているので確認してください。もし、それらを承知の上で、長期契約から挑戦したい場合は、オンライン秘書会社とクラウドソーシングの攻略なら第4章から、1人社長・個人事業主の攻略なら第7章を確認しましょう。もし、「どこからはじめたらいいのかわからない」と悩んだ方は、次節に本書が示すオンライン事務になるためのロードマップがあるので、そちらを参考にしてください。

オンライン事務になるためのロードマップ

ゆるポイント1 いきなり1人社長・個人事業主に営業をしなくてもOK

ゆるポイント2 無理せず少しずつ目標に近づける

オンライン事務になるための順番を知ろう

手厚いサポートは少なめですし、クライアントの候補を探すのが大変ですが、**一番自由な働き方ができて、仕事の裁量が大きく、報酬も高くなる可能性が高いのが「1人社長・個人事業主」と働くこと**です。そのため、可能であれば、「1人社長・個人事業主」への営業を少しでも早く挑戦したいところではあります（詳細は第7章をご覧ください）。しかし、いきなり挑戦するのは不安という方は次ページ図のロードマップを参考に少しずつオンライ

図3-2　オンライン事務になるためのロードマップ

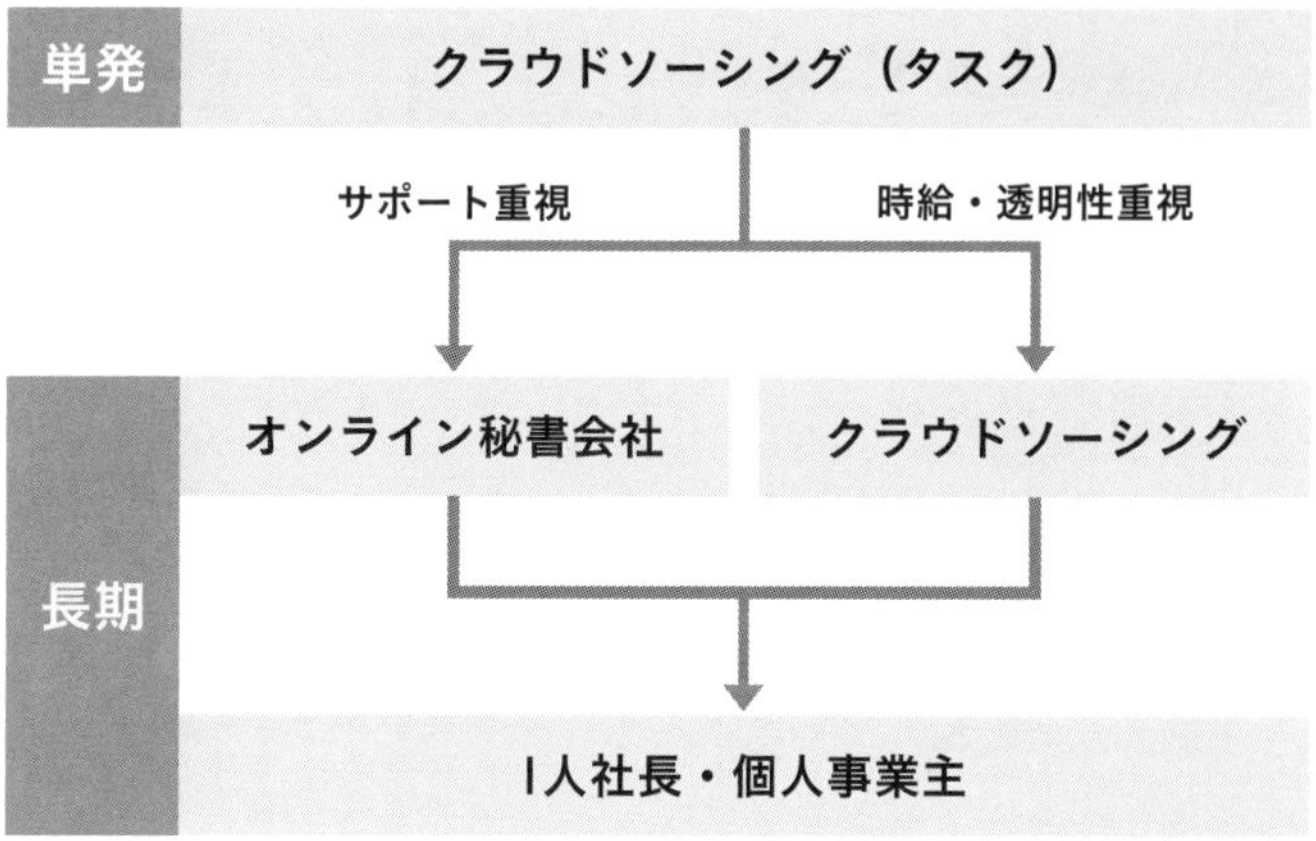

ン事務への道を進める方法もあります。

まずは単発契約でお試し勤務をしましょう。お試し勤務をしたら、次は長期契約に挑戦です。長期契約からは選考もはじまりますが、選考突破のコツや、長期契約に挑戦する理由については第4章で解説しています。

長期契約ではまず、**オンライン秘書会社かクラウドソーシングで仕事を探しましょう**。両者を選ぶ基準については、前節を参考に自身の価値観と照らし合わせて選んでください。そして、1人社長や個人事業主に挑戦しましょう。これが本書のロードマップです。

次節からは単発契約の解説をします。

3-3

基礎知識　時短　価値向上　収入アップ　効率化アップ　モチベーションアップ

単発契約でのお試し勤務のすすめ

ゆるポイント1　お試し勤務で大失敗を避けられる

ゆるポイント2　気軽にオンラインでの仕事を体験できる

最初にお試し勤務をおすすめする理由

まずは、大失敗しないためにも**いきなり長期契約ではなく、「単発契約でのお試し勤務」からはじめるのがおすすめです**。なぜなら、仕事への適性など、働いてみないとわからないことが多くある状態で、いきなり長期契約を結ぶと辞めるのが大変だからです。

仮に1年の長期契約を結んでしまったら、基本的には1年やりきらないといけません。契約書の条件を満たせば契約満了前に辞めることもできますが、いざとなると言い出しにくいので

図3-3　お試し勤務で仕事と自分の適性を見極める

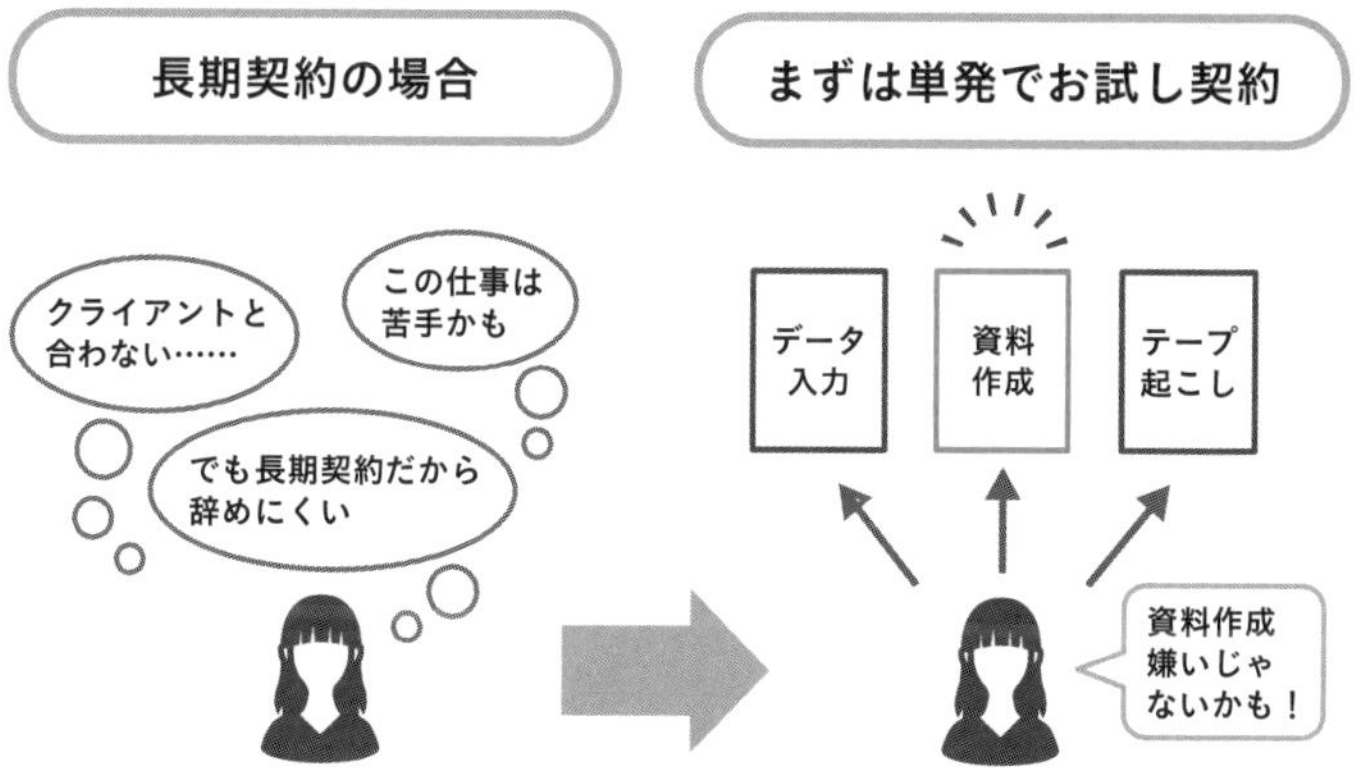

契約締結は慎重に進めましょう。

「単発契約でのお試し勤務」で確かめたいこと

詳細は次ページで解説しますが、特に初期のお試し勤務で確かめたいのはクライアントとの相性などよりも、「どんな仕事が嫌いじゃないのか」「そもそもオンライン完結の仕事が合うのか」です。

お試しで働くので、「この業務は私には難しい（合わない）」と思ったらその仕事だけで終了してもよいのが単発契約のメリットなので、誰にも迷惑をかけずに、自分の適性などを確認するのにピッタリです（もちろん仕事を途中で投げ出すことはNGです）。

「嫌いじゃない仕事」を見つけることが継続の秘訣

単発契約の仕事は、アンケートの回答や資料作成、データ入力などで、クラウドソーシングを見てみると色々な仕事があります。そして、前ページでも紹介した通り、お試し勤務をする理由は「オンライン事務の仕事で何が合うか」「オンラインの仕事が自分に合うか」を知るためです。

オンライン事務の仕事は非常に幅広く、選択肢も豊富なので、まずは「この仕事嫌いじゃないかも」「この仕事あまり疲れない。割と好きかも」と感じる仕事をお試しで探してみてください。お試しで見つけた**「嫌いじゃない仕事」を中心に長期契約で仕事をする**ことが、オンライン事務を無理なく続ける秘訣です。

やはり、個人で働く場合はモチベーションは非常に大切になってきます。忙しい合間をぬってする仕事が、嫌いな仕事であれば、正直長続きしません。なので、今のうちに「嫌いじゃない仕事（できれば〝好きな仕事〟）」を見つけましょう。

また、そもそもオンラインでの仕事は、家で1人きりで作業をするので想像以上に

図3-4　自分に合う仕事を探す

この仕事は
嫌いじゃない
人と会わなくて
寂しい……
「嫌いじゃない仕事」
を見つける
オンラインの仕事が
合うか試す

寂しく感じます。こうした、オンラインでの仕事の適性もまた、実際に仕事をしてみないとわかりません。これも含めてまずはお試し勤務をしてみましょう。

頑張って挑戦した選考がうまくいき、1年の長期契約を結んだのに、**いざ仕事をしてみたらオンラインでの仕事が自分に合わなかったという事態は避けたいものです。**

3-4

効率化アップ　モチベーションアップ

クラウドソーシングで自分に合う仕事を探してみよう

ゆるポイント1 クラウドソーシングへの登録で第一歩を踏み出せる

ゆるポイント2 たった4つのことをするだけで受注率が上がりやすくなる

お試し勤務に最適なクラウドソーシングを利用しよう

単発契約でのお試し勤務をしたいなら、クラウドソーシングで探してみましょう。なぜなら、クラウドソーシングには単発の仕事や数日で終わる短期間の仕事が数多く、また種類も豊富に掲載されているからです。

さらに、お試し勤務で応募するような仕事には基本的に選考はありません。そのため、選考を受けずとも様々なオンラインでの仕事ができる点もおすすめです。

まずはクラウドソーシングに登録してみよう

それではまず、クラウドソーシングのアカウントを作成しましょう。まず**登録したいのが業界最大手の「クラウドワークス」「ランサーズ」の2つ**です。ネットで「クラウドワークス　登録」のように検索し、登録してみましょう。登録自体は3分ほどで完了するので、いったん本書を置いて、登録してみてください。

案件を探す前に最低限やるべきこと

登録はできましたか？　それでは早速、自分に合う案件を探してみましょう……とは残念ながらなりません。まず、クラウドソーシングで仕事をするために最低限やるべきことをやっていきましょう。少し面倒に感じるかもしれませんが、面倒なのはオンライン事務の仕事をこれからはじめたいライバルも同じです。ここで、一踏ん張りするか否かで、クラウドソーシング上の受注率は大きく変わってきます。

案件を探す前にぜひしてほしいのが次ページにある図の4つです。

図3-5　最低限やるべきこと

1. プロフィールアイコンの設定
（「イラスト・写真」などなんでもOK）
2. 名前の変更
（「名字＋名前」のビジネスネームでOK）
3. 本人確認やNDA（秘密保持契約書）の締結などの事務手続き
4. プロフィールの文章を設定

①プロフィールアイコンの設定

それではまず、プロフィールのアイコンを設定してみましょう。イラストでも写真でもなんでもOKです。もちろん景色の写真や飼っているペットの写真でもよいですが、**自分のイメージを少しでも伝えたいので、人のイラストがあれば用意してください。**ちなみに、人のイラストの入手方法は、「無料　商用利用　女性　イラスト」などと検索すれば色々なイラストが出てきます。もしオリジナルでアイコンを作成したい場合は、ココナラなどWeb

のスキルマーケットで依頼すれば1,500~3,000円であなたの顔のイラストを作成してもらえます。

②名前の変更

次に名前の変更です。最初に登録する時には「mimiko_hisho」のようなアルファベット登録になっていますので、「名字＋名前」に変更しましょう。例えば、ブロガーであれば「みみりん」といった名前でも問題ありませんが、オンライン事務は顧客対応が多い仕事です。企業相手に「みみりん」では印象が悪くなりかねません。そのため、**「名字＋名前」にしておくと余計な失点を防げる**のでおすすめです。ちなみに、この登録名はビジネスネームでも問題ありません。私の「十谷みみこ」もビジネス用の名前です（今思えば、もうちょっと真面目っぽい名前にすればよかったなと思っています）。

③本人登録やNDAの締結などの事務手続き

クラウドソーシングでは「本人確認」といわれる電話番号確認や身分証の提出があ

図3-6　プロフィールに掲載したい内容

- 仕事の経歴（オンライン事務に関わることは特に）
- 受注している仕事の詳細（予約代行・タスク管理など）
- 使えるGoogleのオフィスツール
- Zoom・GoogleMeet・Slack・Chatworkのうち使ったことがあるもの
- 働ける時間数や稼働日
- その他使えるアプリやツールの全て

ります。また、NDAという秘密保持契約書の締結も全て済ませておきましょう。ちなみに、この秘密保持契約は「仕事で知ったことはよそで漏らしません」といった旨の契約書です。これらを完了すると、あなたのプロフィールに「本人確認済」「NDA締結済」のマークがつきます。**そのマークがあるかないかで、発注者側も「ちゃんとしている人かそうでないか」を最低限判断できるので、必ずおこないましょう。**

④プロフィールの文章を設定

最後にプロフィールの文章を設定し

ます。クライアントがプロフィールを見た時に、前ページの図の内容がきちんと書かれていると、「お願いしたい仕事を頼めるか」「どれくらい働けるか」などが一目でわかるため、受注率が上がります。したがって、プロフィールには最低限、図の内容を記載しましょう。

まずはタスク（単発契約）に挑戦してみよう

単発契約の仕事をする準備ができたら、早速はじめてみましょう。まず、クラウドソーシングの単発契約は「タスク」と呼ばれています。よくあるタスクは「アンケート回答」です。例えば「あなたの恋愛で起きた1番の修羅場を教えてください。報酬は110円です」といったアンケートにその場ですぐ回答し、報酬を得ます。

タスクは、仕事検索の画面で「タスク」にチェックを入れて検索します。そうして絞り込んだタスクの中から**「ちょっとやってみようかな?」と思った仕事があれば最初はなんでも片っ端から応募してみましょう**。慣れてきたら、アンケート回答ではなく、「データ作成や入力」「資料作成補助」といった後々オンライン事務の仕事に活きそうなタスクを5～10個ほど対応すると、ツールの使用経験なども増えるのでおすすめです。

3-5

基礎知識　時短　関係性向上　収入アップ　効率化アップ　モチベーションアップ

単発契約の注意点を確認しよう

ゆるポイント1　目先の報酬の安さだけにとらわれない

ゆるポイント2　お金以上の価値がわかる

単発契約の最大のデメリットは報酬の安さ

単発契約は、「オンラインでの仕事が合うかどうか」や「嫌いじゃない仕事」を見つけるためにはぴったりですが、当然デメリットもあります。それは「報酬の安さ」です。

例えば、**アンケート回答は「1回答＝110円」などで出されていることがありますが、慣れないうちは10分はかかってしまいます**。つまり時給にすると時給660円。ひょっとしたら最初に報酬を受け取った時に「こんなに少ないの？」と感じ、そのままオンラ

図3-7　単発仕事（タスク）の例

・画像の加工
・データ入力
・アンケート回答
・営業資料チェック
・顧客リスト
・SNS運用代行
・出品登録代行

イン事務自体を辞めたくなるかもしれませんが、その判断は早いです。

確かに最初は時給がかなり安いですが、人によっては、単発契約の次のステップである長期契約にうつれば1,100円以上の時給をもらえることも多くあります。入口で諦めるのはちょっともったいないです。

単発契約の報酬を見て絶望しないためのさらなる秘訣

さて、単発契約の報酬の安さに絶望しないための秘訣としてさらに大切なのが「報酬以上の価値」を知ることでした。この単発契約の価値はあくまで

図3-8　単発の仕事にはメリットも多い

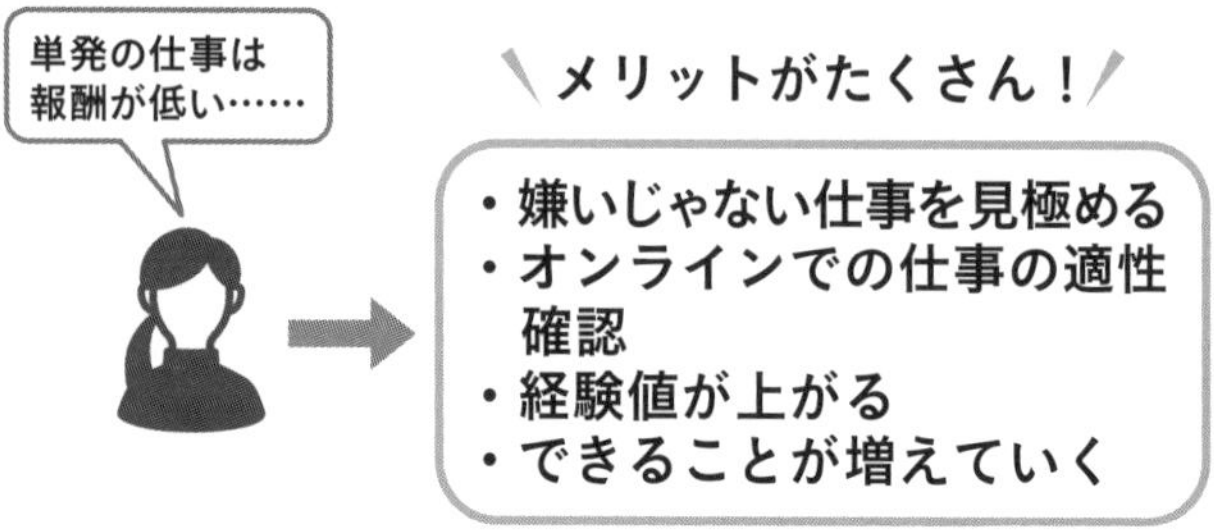
単発の仕事は
報酬が低い……
メリットがたくさん！
・嫌いじゃない仕事を見極める
・オンラインでの仕事の適性確認
・経験値が上がる
・できることが増えていく

「嫌いじゃない仕事」を見つけ、「オンラインでの仕事は合っているか」を体感して確かめることです。これらをわからずに長期契約をはじめたら辛い思いをするかもしれません。

さらにいうと**「経験値を上げること、できることを増やすこと」**も非常に価値があります。単発契約も内容によっては、報酬をもらいながらツールの使用経験を積み、レベルアップしていけるというわけです。

まとめると、「嫌いじゃない仕事内容の発見」「オンラインでの仕事の適正の確認」「オンライン事務としての経験値の獲得」といった、**報酬金額以上**

の価値が、この単発契約にはあります。

単発契約でお試しをしないと起こりうる苦悩

改めてお伝えしますが、単発契約は、お試しをする上では非常によいです。なぜなら、あくまでお試しなので、**一度仕事をしてみて「この仕事やっぱり苦手だな」と感じたらその1回だけで仕事を終了できるからです**（もちろんその「1回」の仕事中にいきなり連絡を無視するなどの不義理は絶対にしてはいけません）。

一方で、長期契約だと、契約が数ヶ月〜年単位になってくるのも普通なので、「次からはこの仕事ナシで！」とはなかなかできません。厳密にいうと、契約の途中でも「契約を終了する時は1ヶ月前に通知すればＯＫ」といった条件を満たしていれば、解約はできます。しかし、途中解約は正直胃が痛くなるような言いにくいことなので、できれば避けたいところです。

Column 3

学歴や年齢は関係ない

よく「高卒だといい仕事がもらえない」「40代だと仕事をはじめるのが大変」など耳にすることがありますが、オンライン事務の仕事では**学歴や年齢はほとんどの場合、関係ありません**。実際に私を採用してくれたクライアントたちからは、年齢も学歴も聞かれたことがありませんし、周りでも聞きません。確かに、一般企業の求人で大量に応募がある場合は、ある程度の人数を落とす必要があるので、学歴や年齢で足切りをするかもしれません。しかし、オンライン事務で大事なのは働ける**時間や今できることだけ**です。クライアントが要望している部分とマッチングするかどうかだけなのです。

ただ、年齢に関しては注意が必要です。もし採用選考の際に年齢（40代・50代など）がクライアントに知られたとします。そうすると年代によってはクライアントが「パソコンとかオンライン業務への抵抗感はないかな？」と心配になるかもしれません。そのため、そこに対するフォローは大事です。例えば「普段からGoogleスプレッドシートを使って家計簿をつけています」とか「子供の学校のPTA関連の書類をGoogleドキュメントで作っています」などです。「パソコンとかオンライン業務への抵抗感はないです！　むしろ色々と普段から触っています！」と話すことで不安を先回りして解消してみてください。

第4章

長期契約に挑戦しよう

アクセスキー　E
（大文字のイー）

長期契約のメリット

ゆるポイント1 報酬アップを狙うなら長期契約

ゆるポイント2 より需要の大きい仕事ができる

長期契約のメリットは3つ

単発契約の仕事に慣れたら次は長期契約に挑戦しましょう。長期契約のメリットは**「収入が安定する（求職活動が減る）」「やりがいのある仕事が増える」「経験値が上がり、報酬も増える」の3つです**。

まず、継続的に報酬がもらえることが長期契約のメリットです。単発契約の場合は、その単発の仕事が終わればいったん終わりで、それっきりです。そのため、毎月ある程度の収入が必要な場合は、単発仕事をずっと探す、いわゆる求職活動をし続けなければいけません。例えば、毎月１１，０００円の収入が必要なら、極端にいえば１１０円のタスクを毎月１００個見つけ続けなければならないということです。しかし、**固定のクライアントのサポートを長期契約でおこなえれば、仕事を常に新しく探さなくても毎月の仕事があるので、収入が安定します。**

また、単発契約のタスクでは、局所的なお付き合いになる分、簡単なマニュアルだけで進む仕事が多いですが、長期契約は違います。クライアントの業態特有の仕事だったり、「この仕事はどう進めるのか」といった詳細な事前説明が必要だったり、詳しいマニュアルをもとに進めたりする仕事も増えます。確かに難しい仕事は増えますが、**「あなたがいてくれてよかった」と言われる機会が増えるので、やりがいもその分増します。**

そして、長期で仕事をしないと任されない、タスク管理や予定管理などの仕事は、あらゆるクライアントから需要の大きい仕事です。単発契約に比べて需要が大きい仕事が増えるので、オンライン事務としてのスキル・市場価値も上がります。その結果、単発契約に比べて報酬が高くなります。単発契約のタスクは時給に換算すると時給１，０００円を切ってしまうことが多いです。一方、長期契約では時給１，０００円以上の案件も多くあります。

4-2

基礎知識　収入アップ

単発契約と長期契約の違いをチェックしよう

ゆるポイント1　**契約期間は3ヶ月～1年**

ゆるポイント2　**やりがいが倍増**

単発契約と長期契約の違い その1：契約期間

前節で紹介したメリットの他にも、単発契約との違いがあと2つあるので紹介します。それは、「契約期間」「選考の有無」です。

まずは「契約期間」。単発契約のタスクは、募集されていた仕事を終わらせた時点で契約終了です。一方で長期契約は、3ヶ月~1年ほどの期間ずっと契約をします。それがプロジェクトに準じた期間だったり、3ヶ月契約の自動更新でさらに長期にわたる契約だったり様々ですが、その場限りで終わる単発契約より明らかに長いです。

単発契約と長期契約の違いその2：選考の有無

単発契約のタスクは、その場ですぐに仕事ができるので**書類選考やビデオ面談による選考などは基本的にありません**。一方で、長期契約には選考があります。選考の難しさや回数、内容は募集しているクライアントによって違いますが、大体は次のような選考がおこなわれます。

- **応募する際の文章の選考**
- **履歴書や職務経歴書などの書類選考**
- **ビデオ面談による選考**

長期契約の選考は準備が大変です。書類選考で提出する書類やビデオ面談などの準備など色々なツールが必要になりますが、何が必要になるのかは、4-4と4-5でも紹介しています。

4-3

基礎知識　時短　関係性向上　収入アップ　効率化アップ　モチベーションアップ

長期契約ならオンライン秘書会社かクラウドソーシング

ゆるポイント1　どちらに進むかはメリット・デメリットを確認して決めよう

ゆるポイント2　ロードマップの通りに進めば理想のオンライン事務になれる

それぞれの選考の進み方

3－2で紹介したロードマップの通りに、長期契約へ進む場合は「オンライン秘書会社」か「クラウドソーシング」で選考を受けます。両者の判断基準に関しては、3－1で紹介したメリット・デメリットを確認してください。

まず、オンライン秘書会社で仕事をするためには登録手続きが必要です。しかし、クラウドソーシングと違って、**選考に受かった人しか登録することすらできません**。つまり、次ページの図の通り選考に受かった人が登録でき、その先でさらにオンライン秘書会

図4-1　仕事開始までの流れ

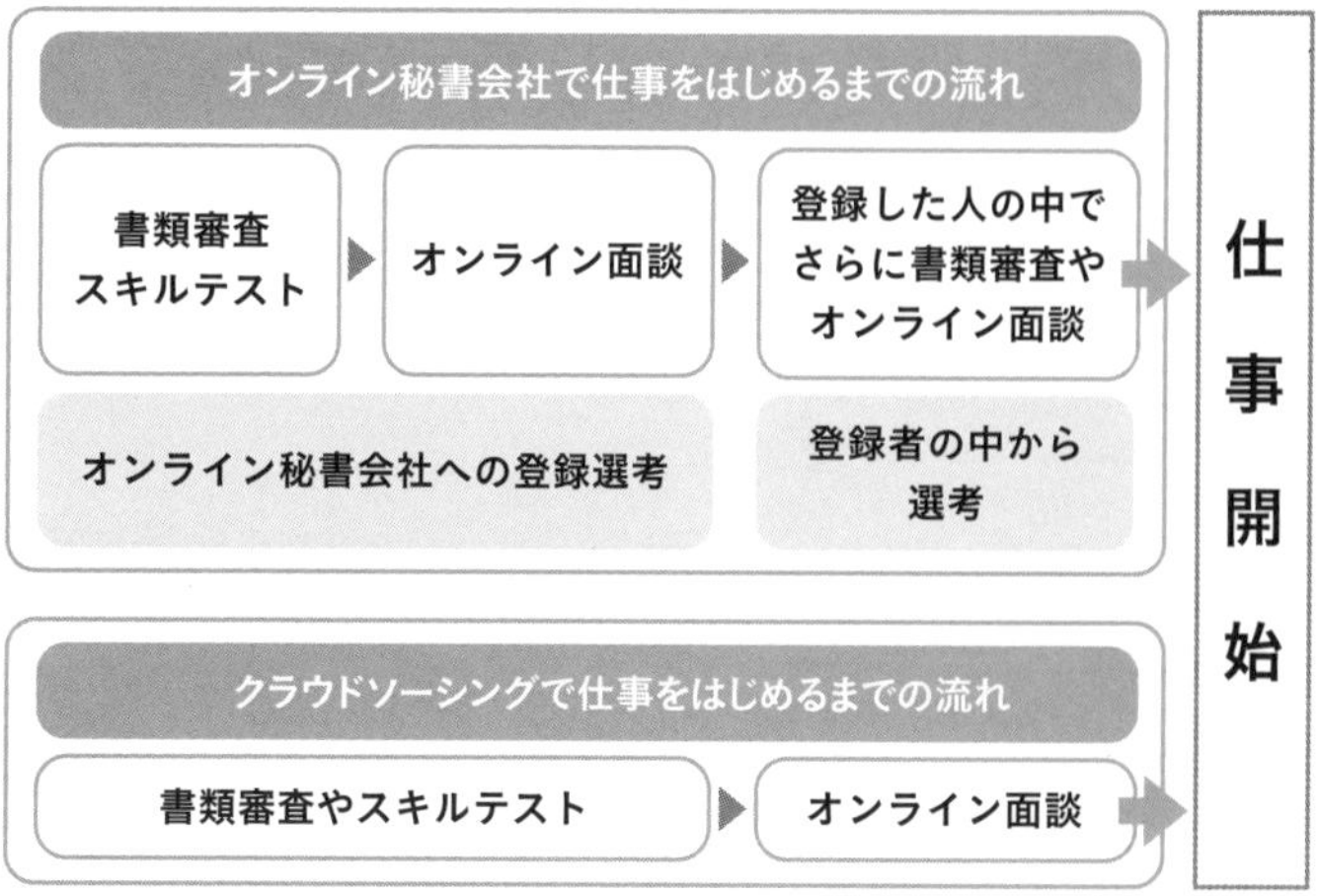

社内の具体的な求人に応募し、選考に挑戦します。まず、皆さんが挑戦するのは最初の登録選考です。この選考は**「書類選考・スキルテスト」→「ビデオ面談による面接」の流れで進みます**(詳細は次節で紹介します)。

一方でクラウドソーシングでは、細かい選考方法は求人を出しているクライアントによって異なりますが、多くはオンライン秘書会社と同様の流れで進みます。クラウドソーシングでは、**3-4で紹介したことをおこなったかどうかによって受注率が大きく変わる**ので、まだしていない人は一度3-4に戻って設定しましょう。

4-4

基礎知識

書類選考・スキルテスト突破のコツ

ゆるポイント1　ツッコまれにくい志望動機を作ろう

ゆるポイント2　スキルテストは調べながらの解答でOK

書類選考のコツはツッコまれないこと

ここからは長期契約の選考を突破するために、それぞれのコツを紹介します。まず、書類選考では、パソコンで作成した履歴書と職務経歴書の提出があります。これらのひな形は読者特典として用意していますので、4ページをご覧ください。

書類選考では「志望動機」や「現在できること（自己PR）」を書くことが多いので、まずこれらの準備をしましょう。志望動機では、サポート業務をしたい理由・在宅仕事をしたい理由・この会社を志望している理由が問われます。まず、**志望理由で大事なのは、なるべくツッコまれないこと**です。できれば完璧にツッコまれない志望動機を作れるのがよいですが、なかなか難しいです。なので、まずは自身でツッコミどころかないかを確認しましょう。例えば「人と話すことが好きでオンライン事務を志望しています」と書けば「じゃあ営業の方が向いているのでは?」とツッコまれます。また、「在宅で仕事をしたいのはパソコン仕事に憧れているから」と書いたら「それならライティングやプログラミングなど他にも在宅仕事あるけど、なぜそっちじゃないの?」とツッコまれます。見ず知らずの採用担当者が見た時に**「確かにその理由なら納得だ」**と思**われる、なるべくツッコミのない志望動機を作ると突破率が上がります**。そこで、ここでは納得感のある志望動機の例を次ページの図でのいくつか紹介します。

また志望動機のそれぞれの理由に採用担当者が納得できるエピソードは必須です。採用担当者は応募者であるあなたのことを知りません。なので、それっぽい志望動機を書かれただけでは本当に志望しているのかが判断がつかないのです。志望していないなら採用してもすぐに辞めてしまいます。「本当に仕事をしたい人」だけを採用したいので、**「なぜ志望しているのか」を裏付ける状況や自身の経験、考え方を書けると、**

図4-2　ツッコミどころが少ない志望動機の例

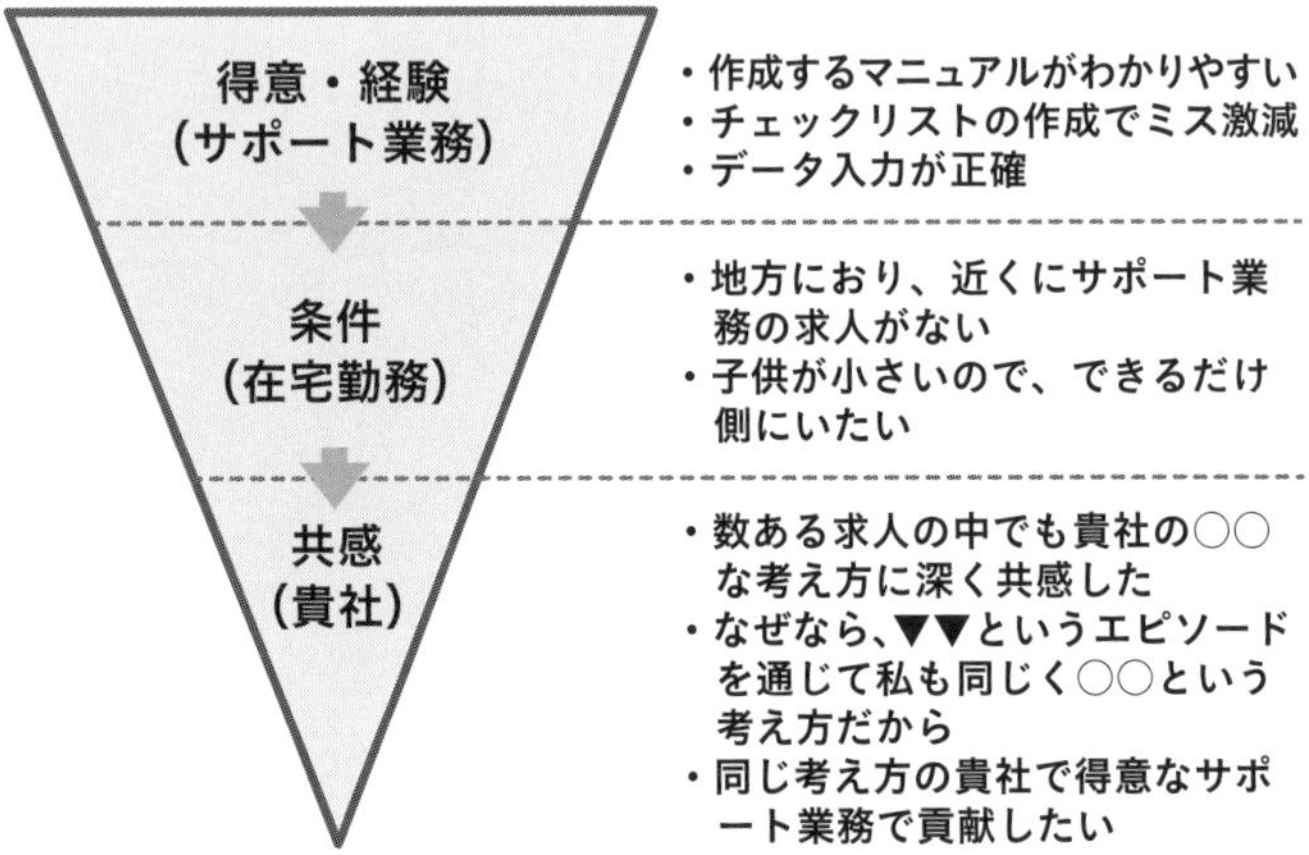

得意・経験
（サポート業務）
・作成するマニュアルがわかりやすい
・チェックリストの作成でミス激減
・データ入力が正確
条件
（在宅勤務）
・地方におり、近くにサポート業務の求人がない
・子供が小さいので、できるだけ側にいたい
共感
（貴社）
・数ある求人の中でも貴社の○○な考え方に深く共感した
・なぜなら、▼▼というエピソードを通じて私も同じく○○という考え方だから
・同じ考え方の貴社で得意なサポート業務で貢献したい

あなたのことをよく知らない採用担当者にも「本当にこの仕事をしたいんだな」と納得してもらえます。ただ、たとえよい志望動機を書いていたとしても、誤字脱字があるなどの減点ポイントが多いと落ちてしまいます。文章を書いたら必ずチェックしてください。読者特典としてチェックリスト（4ページ）を用意していますので、提出前には必ず確認しましょう。

次に書類選考でよく聞かれる「自己PR」の作り方を簡単に紹介します。自己PRは、応募先のクライアントに対して**「私はこんなことができるので、クライアントのあなたの役に立ち**

ますよ」と伝えることです。これが書けるかどうかで書類選考の通過率がぐんと変わります。とはいえ、自己PRの文章を思いつくままに書こうとしてはいけません。

できることを書いて、分類しよう

まずは**「できることリスト」を作成しましょう**。これは、過去におこなってきた仕事（正社員、アルバイトなど問わず）を箇条書きにして作成していきます。コツは**「オンライン事務に活かせそうかは全く考えず、ひたすら書き出す」**です。まずは、過去におこなってきた経験を思い出すことに集中します。なぜなら「過去のことを思い出すこと」と「オンライン事務に活かせる仕事かを考えること」を同時にするのは大変だからです。なので、まずは1つずつしましょう。

次に、**オンライン事務に活かせそうな仕事を抜き出し、分類します**。あなたが過去におこなった仕事で、オンライン事務に活かせそうなことを自己PRに使っていきましょう。

「できることなんて、あまりないかも……」という方もご安心ください。**思いつかなければ、これから作っていけばいいのです**。例えば、家計簿をGoogleスプレッドシートで作るなど、すぐにとりかかれることもあります。また、クラウドソーシングの単発契約で、仕事の経験を増やし、できることリストに追加することもできます。

2種類あるオンライン事務の自己PR

できることリストを作成したら、自己PRを作っていきましょう。ちなみに、自己PRには**「オンライン事務として一般的に求められること・能力」と「今回募集している仕事ならではの求められること・能力」があります**。一般的に求められるのは「細かいことができる」「漏れやミスがない」「やわらかいコミュニケーションができる」などです。

志望動機でもお伝えしましたが「私はあなたの役に立ちます！」と伝える際には、それを納得させるためのエピソードが必要です。**知らない人が見ても「確かにこれだったら私の役に立ってくれそう！」と思えるようなエピソードを伝えましょう**。なお、ここまで解説した自己PRの作成に使える読者特典（4ページ）を用意しましたので、こちらも参考にしてみてください。

表4-1　スキルテストの例

テストの種類	内容
タイピング	・企業指定のタイピングゲームなどでの点数の報告
Google系の オフィスツール ※募集企業によっては Microsoft系のツール	・見積書や請求書の作成（Googleドキュメント） ・顧客リストの作成（Googleスプレッドシート） ・営業資料の作成（Googleスライド）
テキスト コミュニケーション	・お客様からの問い合わせへの返信文の作成 ・社内メンバーへの引き継ぎ文の作成

スキルテストの種類を確認し対策をしよう

スキルテストはオンライン事務としての適正を見られるもので、自宅で受けます。**多くの場合は「適宜インターネットなどで調べながら作成してもOK」とされている**ので、見積書のひな形など調べながら作成します。また、タイピングテストを課している企業も多いので、「e-typing」や「寿司打」など、ゲーム感覚で楽しめるもので日頃から練習しておきましょう。テキストコミュニケーションについては5-6、5-7で解説をしているので確認してください。

4-5

基礎知識

オンライン面談は減点されないことが大事

ゆるポイント1 オンライン面談では事前の対策が一番大切

ゆるポイント2 事前にビデオ会議ツールの種類を確認して練習すれば安心

オンライン面談の失敗例から学ぼう

オンライン面談とは、Zoomなどのビデオ会議ツールを使って、自宅から参加できる面談です。面談と聞くと「ハキハキと答えられること」さえできればOKと思われがちですが、違います。もちろんそれもできたらよいですが、それよりも大事なのが**「減点をされないこと」**です。

実は、このオンライン面談に慣れている人はそう多くいないため、ここで減点を重ねて選考に落ちてしまう人がかなりたくさんいます。なので、よく

表4-2　オンライン面談のよくある失敗例と対策

ビデオ会議ツールの使い方

失敗例	対策
うまく入れず、面談時間に遅刻をする	面談で使うビデオ会議ツールを早めにインストールし、入る練習をする
ツールのアップデートが直前にはじまり、面談時間に遅刻をする	面談開始の2時間前にアップデートの有無を確認し、アップデートがあれば対応する
マイクをオンにできず、喋れないで時間が過ぎる	事前にマイクをオンにする練習をする
カメラをオンにできず、顔を見せることなく面談が終わる	事前にカメラをオンにする練習をする

ビデオ会議ツール以外

失敗例	対策
ネット回線が遅く、面談中に音声が途切れたり、ビデオ画面が一時停止したり、スムーズに面談が進まない	事前に友人や家族に接続テストをしてもらい、音声・画面に乱れがないかをチェックする
服装やメイクがTPOに合っておらず、顧客対応が難しいと判断される	服装：スーツかオフィスカジュアル メイク：ナチュラルメイク
オンライン事務側の背景がごちゃごちゃと汚く、それを見た面接官に相手の立場に立てない人と判断される	ビデオ会議ツールの真っ白な背景画像を設定するか、ぼかしフィルターを設定する（可能なら白壁など自宅のきれいな場所で面談をする）

あるオンライン面談での減点ポイントを上図で確認し、対策しましょう。

また、使ったことのないビデオ会議ツールを当日初めて使うとなると、高い確率で失敗をします。**面談の実施が決まったら必ずビデオ面談に使われるツールを確認し練習しましょう。**

ちなみに、よく使われるビデオ面談ツールは「Zoom」「GoogleMeet」です。詳細については2－9で紹介しているので、面談の前には再度確認しましょう。

4-6

基礎知識

選考を突破したら自分を守るための契約書を交わそう

ゆるポイント1　契約書は働く際のお守りになる

ゆるポイント2　自分の身を自分で守れるようになる

契約書は万が一何かあった時のお守り

「契約書」と聞くと少し面倒そうな印象はありませんか？　以前は私もそう思っていました。しかし、副業をはじめると、万が一何か問題が起こっても、誰もあなたを守ってくれません。

会社で働いている時は、何か問題が起きたとしても、上司や会社が一緒に問題の解決策を考えてくれたり、守ってくれたりするかもしれません。ですが、**個人で働くとなると何か問題が発生した時に守れるのは自分しかいない**のです。

図4-3　自分の身は自分で守ろう

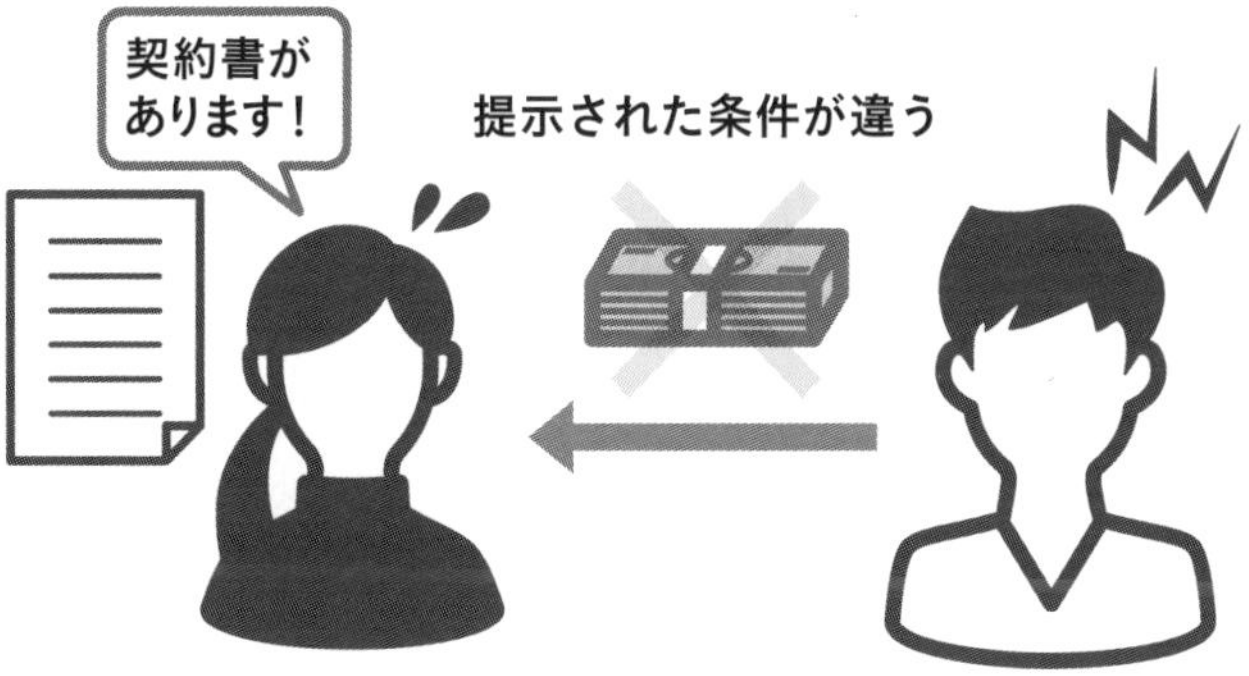

そして、いざという時に自分を守るために絶対に必要なのが「契約書」です。

もし、仕事をしてみて「以前提示された条件と違う」といった事態に陥った場合には、お互いに合意した条件の確認をおこなう必要があります。そんな時に契約書があれば、簡単に条件を確認できるので、話し合いがスムーズにいくことも。

また、**契約書が存在していることそれ自体の効果として、クライアントがオンライン事務を理不尽な条件で働かせようとしないようにすることも期待できます。**

Column 4

明確にスキルといえるものがなくても働ける

よく「私には専門的なスキルがないんです……」と不安になる方がいますが、安心してください。**専門性がなくても必要に応じて専門家とやりとりをして、クライアントの意向や希望を伝えられれば、オンライン事務の仕事はできます**。そして、そもそもオンライン事務では幅広く色々なことに満遍なく対応できることで十分に価値を出せるので、全く問題ありません。クライアントは「自分にしかできない仕事以外の全てをオンライン事務に任せたい」とよく言います。しかし、経理・総務・人事など全ての専門性を身につけるのは現実的ではないですし、その勉強に時間を費やすことをクライアントは望んでいません。その時間があるなら少しでもクライアントの仕事を実践で覚えて、巻き取ってほしいからです。さらにもっといってしまえば、**仕事を獲得するために資格を取る必要はありません**。資格がないとできない仕事ならまだしも「資格をもっているから採用とはならないよね」という声を知人の社長たちやオンライン事務に仕事をお願いする企業の採用担当者から聞きます。

資格をもっていても実際の仕事内容に直結しないことも多いですし、オンライン事務での優秀さは、先回りの気遣いができるとかテキストコミュニケーションがうまいなどの資格で証明しにくいものばかりで、ドンピシャで証明する資格は現時点では存在しないからです。

第5章

オンライン事務の基本姿勢と仕事を円滑に進めるコミュニケーション

アクセスキー 3
（数字のさん）

5-1

基礎知識

わからないこともまずは自力で調べよう

ゆるポイント1 クライアントに主体性をアピールできる

ゆるポイント2 お互いに気持ちよく働ける

本章からは実際にオンライン事務の仕事をはじめる時に大切な考え方を紹介します。

まずは自分で調べることの大切さ

オンライン事務では、経験のない仕事を頼まれることがよくあります。その時に気をつけたいのが「何からすればいいですか？」など**「1から全部教えてください」とならないこと**です。これは決して「質問をしてはいけない」といった意味ではありません。伝えたいのは、「調べられる範囲でいいので、相手に聞く前に自分で調べよう」ということです。

クライアントはとても忙しい方ばかりです。そのため、**ネットで検索したら5分でわかるようなことは聞かないでおきましょう**。これはオンライン事務に限らず、どんな仕事でもお互いに気持ちよく仕事を進めるためのコツでもあります。

調べすぎには要注意

自力で調べることは大事ですが、**一方で時間をかけすぎてはいけません**。オンライン事務の多くは時給で働きます。つまり、調べている時間に報酬が発生しているということです。もちろん、「時間を使ってよいので詳細に調べてほしい」といった要望があれば問題ありません。しかし、クライアントが「1時間でここまで調べてくれるだけでよかったのに」と思っているのに、3時間も調べてしまったらどうでしょうか。クライアントの予算を余計に使ってしまうことになるので、注意が必要です。

こうした事態を避ける方法については5-3で解説しています。

5-2

基礎知識　時短　関係性向上　収入アップ　効率化アップ　モチベーションアップ

気持ちよさを感じてもらうコミュニケーション

ゆるポイント1　仕事を頼まれた時にはまず感謝の気持ちを伝えればOK

ゆるポイント2　わからないことに出会ったら相談すれば大丈夫

「謙虚さ・素直さ・前向きさ」の重要性

仕事をする上で気持ちのよいコミュニケーションができる人とそうでない人がいます。その違いは「謙虚さ」「素直さ」「前向きさ」です。

両者の違いが顕著になるのが、クライアントから経験のない仕事を頼まれた時の反応です。オンライン事務の反応が次ページの図のようにAさん・Bさんで異なっていたとします。

同じ未経験の仕事の依頼でも、こうも反応が違ったらいかがでしょうか？当然Bさんと継続的に仕事をしたくな

図5-1　謙虚さ・素直さ・前向きさ

ると思います。

Aさんは、不安な気持ちが強く出ているため、クライアントは「新しい仕事を任せてもそんなに嬉しくなさそう」と感じるからです。また、不安に感じたAさんをクライアントが励ますという対応も出てきます。さらに、「とにかく教えて」という姿勢なので、初めにおこなう業務を丁寧に指示してあげる必要も出てきそうです。

一方で、Bさんは「仕事を任されて嬉しいです」と仕事を依頼されたことを素直に喜んでいますし、全体的に前向きな印象を受けます。さらに、こちらから指示しなくても、自分なりの考えで「○○から対応してみる」と言っています。こうしたことから、クライアント目線だと具体的な指示をする手間もないし、おそらくBさんに仕事の依頼をしたくなると思います。

以上のことから、**仕事をもらえて喜ぶ「謙虚さ」、その喜びを真っ直ぐ伝える「素直さ」、そして何事に対してもまずはやってみるという「前向きさ」**は、気持ちのよいコミュニケーションには非常に重要です。

未経験でも大丈夫！

しかし、「未経験の仕事の的確な段取りなんて思い付かない……私には無理」と不安に思うかもしれません。それも当然です。まず、そもそも経験したことのない仕事の的確な段取りなんてわかるはずありません。私も最初は全然わかりませんでしたし、未経験の仕事は、いつも手探りです。しかし、**大事なのはクライアントに丸投げしない姿勢です**。わからないからといって「まず何をすればいいんですか？」「次は何をしますか？」「その次は何をしますか？」と相手に全て判断させ、指示を出させるのは、クライアントの手間を減らしていく「理想のオンライン事務」とはかけ離れています。

わからないのはみんな同じです。大切なのは**「相手の負担を少しでも軽くしよう！」と相手を思いやる気持ち、そしてそれに伴う行動**です。最初から的外れの行動をしてしまっても、クライアントはあなたのその気持ちと行動を無下にはしません。**自主的に動いてくれようとする人材は貴重であることを知っているから**です。まずは、恐れず行動してみてください。少しずつ「未経験の仕事」をしていくと、自ずと経験値が上がっていきます。すると、最初は全く見当のつかなかった未経験の仕事も「あ、この前対応した仕事となんか似てる。それならここから手をつけはじめようかな？」となんとなく段取りがわかってきます。

本節で紹介した「謙虚さ」「素直さ」「前向きさ」に、サポート業務の経験などは全く必要ありません。未経験ではじめるからこそ、まずはこうした気持ちを大切にしていきましょう。気持ちのよいコミュニケーションをするオンライン事務には、自然と仕事が集まってきます。できることかとから、一緒に頑張っていきましょう。

5-3

基礎知識　時短　関係性向上　収入アップ　効率化アップ　モチベーションアップ

クライアントとの関係性をよくするコツ

ゆるポイント1　**作業報告は5分程度で書けるもので十分**

ゆるポイント2　**細かく報連相すればトラブルの多くは避けられる**

オンラインでクライアントと関係性をよくすることの難しさ

「『10〜12時まで働いている』って本当に？」真面目に働いているのに、このような言葉をクライアントからかけられたら仕事に対する意欲が下がりませんか？　また、クライアントから信頼されていない状況が続けば契約を終了されてしまうかもしれません。

しかし、在宅の仕事はクライアントの目の前で仕事をすることがありません。したがって、目の前で働かない状態でもクライアントから信頼される必要があります。

誠意があるように見えるようなコミュニケーションを取る

意識するべきことは1つです。それは**「真面目で誠意があるように見えるよう、コミュニケーションを取る」**です。いくら真面目でも、行動に表れていなかったら伝わりません。そこで大事なのが「時給を意識した行動ができているか」です。もっというと**「クライアントの予算を無駄に使わせないように配慮できているのかどうか」**です。

前提としてオンライン事務は時給で働くことが多いので、働けば働くほど報酬がもらえます。そして、労働時間は自己申告がほとんどです。だからこそ、クライアントの信頼を獲得するにはなおさら工夫が必要になります。

日報をクライアントが見える場所に毎日書く

まず大事なのが**「仕事をした日は日報を書く」**です。日報は「取り組んだ内容」「かかった時間」の2つを5分程度で簡単に書きましょう。

これは、**オンラインだからこそ見えにくい作業量・作業時間を〝積極的に〟可視化しようとしている「行動」に誠意を感じてもらう**ためです。また、日報は見返しやすいように、日々クライアントとやりとりをしているチャットなどに記載するのがおすすめです。もちろん、後々一覧で見やすいようにGoogleスプレッドシートにも働いた日の内容を記載しておくのもよいでしょう。

見積もり作業時間に差が出ないように細かく報連相をする

「この仕事は、1時間でできる範囲で完成させてほしかった。3時間もかけて細かくやらなくてもよかったのに」。このような声は知り合いの社長からよく聞きます。詳しい事情はさておき、この事実だけを見てみると、時給1，500円のオンライン事務の場合「1，500円で済むはずが、4，500円もかかってしまった」ことになります。これは、クライアントも困ってしまいますよね。そこで、大事なのが報連相です。

トラブルの原因は事後報告だから

先ほどの「1時間での作業だったのに3時間もかかって……」の話でいうと、クライアントが不満を抱いたのは、**作業時間が事後報告だったから**です。事前に、1時間は超える旨を報告したり、どこまで作業すべきかを相談して指示を仰いだりすれば不満に思われなかったかもしれません。クライアントとしては、報連相もなしに「じゃあ、3時間かかったので」と**グイっと請求書を一方的に出されることに違和感がある**のです。そのため、まだ関係性を築けていない契約当初は特に細かく報連相をしましょう。そして、この報連相は意外とできないオンライン事務の方が多いです。逆に、報連相をするだけで「無駄に時間を使ってクライアントの予算を削らないように意識してくれている」といった点での差別化もできます。

報連相の頻度は徐々に減っていく

細かい報連相は会ったことがない人とオンラインだけで仕事をするには必要ですが、ずっと続けるのはお互いに面倒で負担なことではありません。とはいえ、報連相が頻繁に必要なのは最初だけです。クライアントからの信頼貯金がたまると「細かく報告してくれなくても任せるよ！　困ったことがあればその都度、相談してね！」と言われるようになり、報連相の頻度が減ります。特に大変なのは最初だけ。逆にいうと、最初に信頼貯金をためられないと、いつまでも報連相の頻度が高く、コミュニケーションの頻度が高い、手間のかかるオンライン事務になるので注意が必要です。

5-4

関係性向上

「仕事がデキる」と言われる返事の仕方で信頼を積み重ねよう

ゆるポイント1　**仕事で受けた指摘は書き溜めるだけで評価UPにつながる**

ゆるポイント2　**日々の返事の仕方次第で信頼貯金のたまるスピードが段違いに**

信頼貯金をためて返事をもらいやすくしよう

仕事を円滑に進めるためには、クライアントからの信頼貯金をためる必要があります。信頼貯金の残高が低いと、連絡しても後回しにされがちです。逆に信頼貯金があれば、「このオンライン事務さんは信頼できる人だし、大事な連絡をよくしてくれるから、この人からの連絡は優先して見よう」と思ってもらえ、仕事のやりとりがスムーズです。しかし、会ったこともない人からの信頼貯金をためるためにはどうすればいいのでしょうか。その1つが「返事の仕方」です。

仕事で指摘を受けた時の返事の仕方のコツ

信頼貯金をためる絶好の機会はフィードバック（以下、FB）の時です。クライアントから頼まれた仕事を終わらせ、その内容をクライアントに見せると「ここをこう修正してほしい」などの指摘が返ってきます。これがいわゆるFBですが、FBを受けた時のオンライン事務からの返事の仕方で、クライアントからの信頼貯金のたまるスピードに大きな差が生まれます。ではここで、オンライン事務のAさんとBさんの返事を比較してみましょう。

次ページのAさん、Bさんを見てください。返事の仕方だけでも印象が全く異なりませんか？　返事の仕方のコツは、**「フィードバックへの感謝」「クライアントの手間をどんどん少なくしたいという意志」**を伝えることです。ちなみに、この話に出ているチェックリストについては、6-3で紹介しています。

図5-2　返事の仕方で信頼貯金をためられる

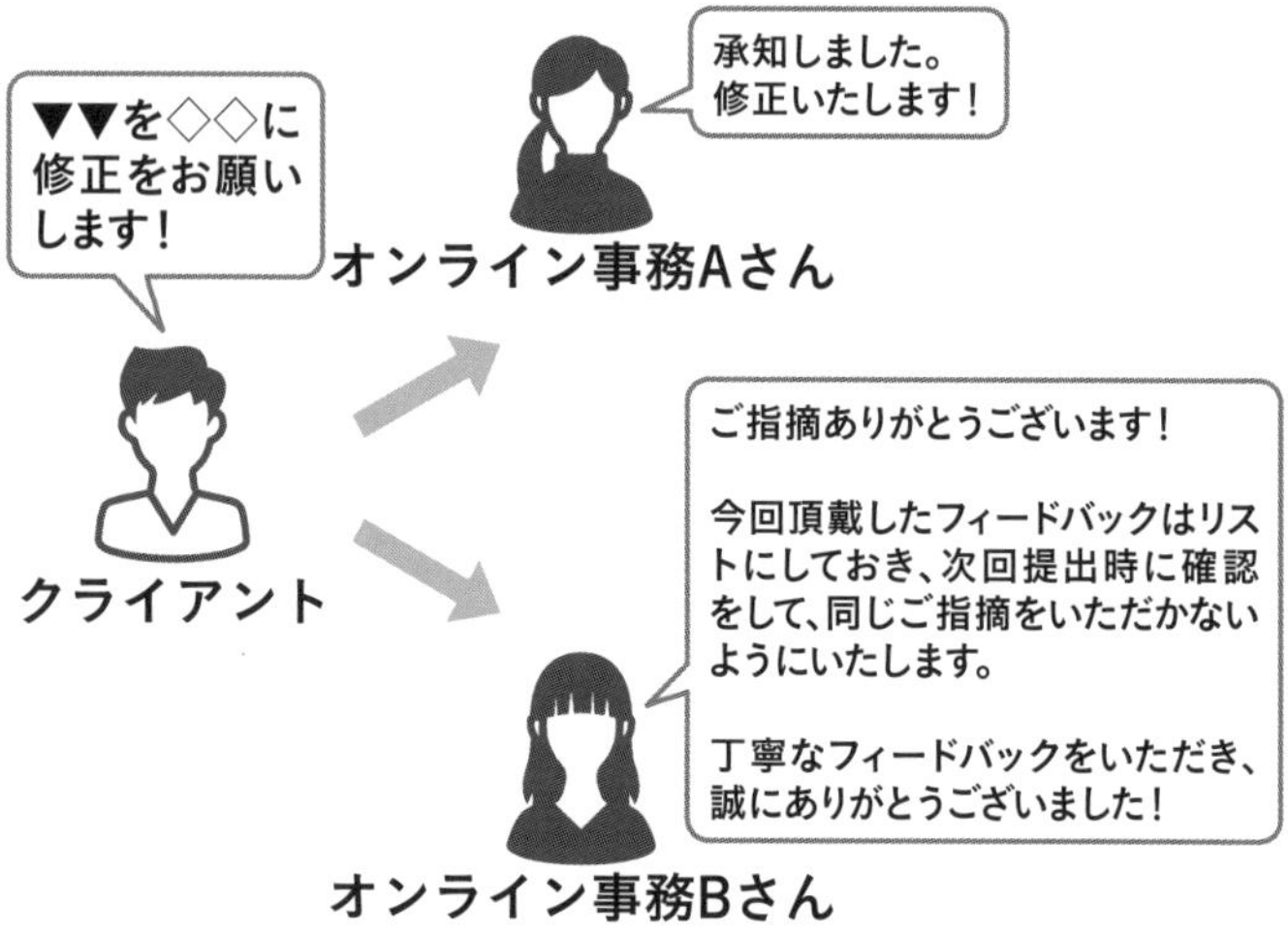
▼▼を◇◇に
修正をお願い
します！
クライアント
承知しました。
修正いたします！
オンライン事務Aさん
ご指摘ありがとうございます！
今回頂戴したフィードバックはリストにしておき、次回提出時に確認をして、同じご指摘をいただかないようにいたします。
丁寧なフィードバックをいただき、誠にありがとうございました！
オンライン事務Bさん

クライアントに伝えたい2つのこと

本書では何度も述べておりますが、クライアントは皆さん忙しいです。しかし、クライアントの中には、自分で直したほうが早いけれど育成のためにFBしてくれる方もいます。また、忙しすぎたり、育成の必要を感じていなかったりすると、FBをもらえないなんてこともよくある話です。なので、まずは**「FBをくれたこと」に感謝しましょう**。

間違っても「細かいな……」とオンライン事務が思っていると、クライアントに感じさせるような返事をしてはいけません。ＦＢをもらえることは当たり前ではありません。

自分の努力を伝えよう

そして、忙しいクライアントの手間を取らせてしまっている自覚、そして今後はその**手間を少なくするために自分が今おこなっている努力（チェックリストの作成）を伝えましょう**。同じ間違いを何回もされると「自分のＦＢは意味ないのかな？」とクライアントも思ってしまいますよね。もし「ＦＢを活かしてくれないオンライン事務」とクライアントに思われると、仕事がなくなるかもしれません。なぜなら、時間をかけて育成しても意味ないと思われるからです。

「経験豊富でもＦＢを活かさない人」への発注を止めて、「経験が浅くてもＦＢを真摯に受け止め、すぐに仕事に活かす人」を採用することに時間や手間をかける決定をするクライアントは多いものです。そのため、「私は人材育成のしがいのあるオンライン事務です」というアピールも兼ねて、クライアントに自分の努力を前向きに伝えましょう。

クライアントの判断基準を知ることの大切さ

ゆるポイント1　**自分の判断基準よりもクライアントの判断基準が大切**

ゆるポイント2　**相手のために意見を伝えることは大事**

クライアントの判断基準を知ることの大切さ

オンライン事務に限らず、**仕事をする上で大切なのが仕事仲間やクライアントの判断基準を知ること**です。なぜなら、仕事を進めていく中で何が大事なのか（判断基準）をわかっていないと、クライアントの意に沿わない仕事をしてしまうかもしれないからです。

例えば、「新規お問い合わせメールへの返信」と「既存顧客へのメール連絡」が同時に発生したとします。さて、どちらを優先すればよいでしょうか。もちろんクライアントがおこなっ

図5-3　クライアントの判断基準は確認しておこう

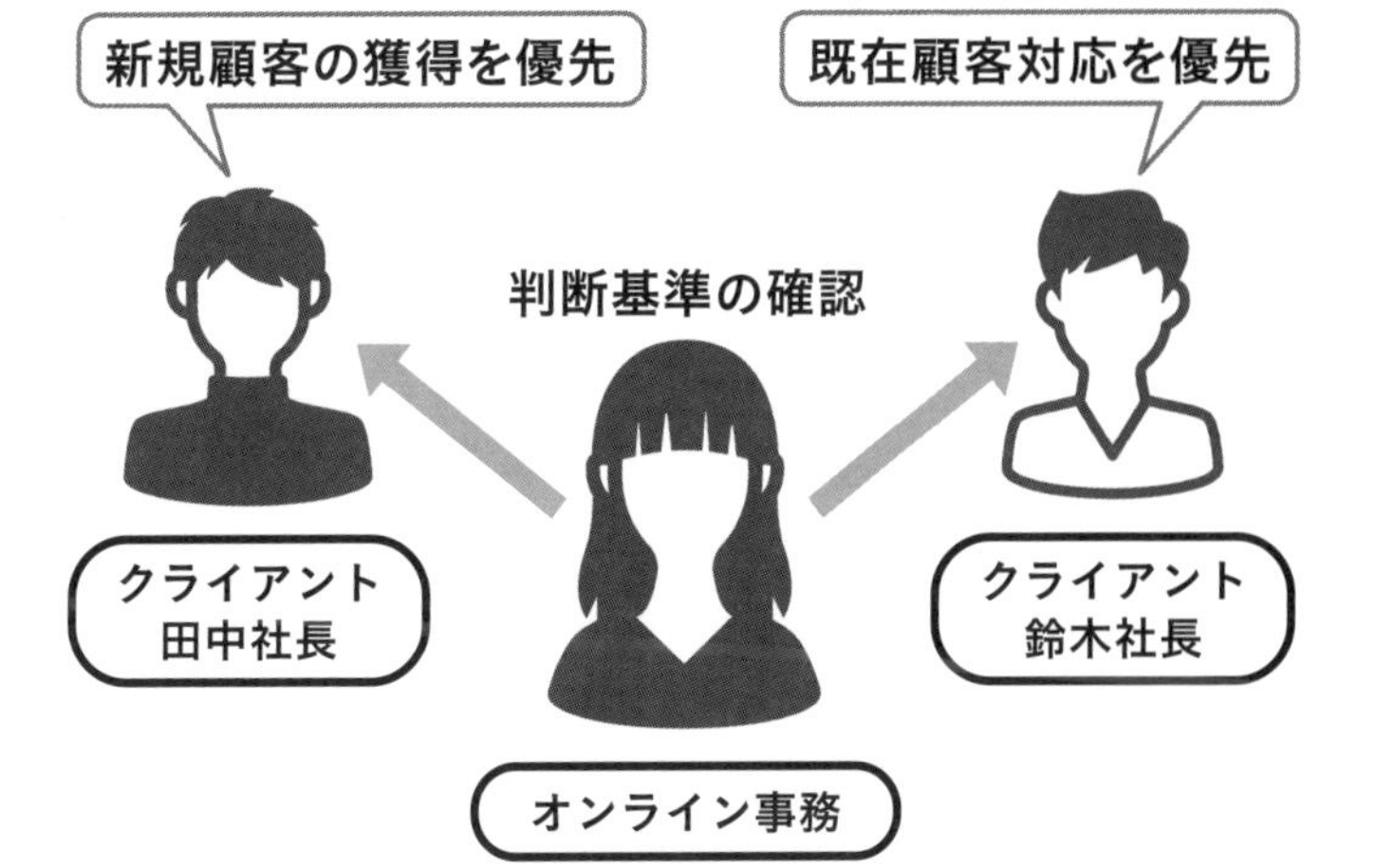
新規顧客の獲得を優先
既存顧客対応を優先
判断基準の確認
クライアント
田中社長
クライアント
鈴木社長
オンライン事務

ている仕事内容や顧客の数などの状況によってもその都度変わります。しかし、主となる判断基準としてどちらを重要視しているのかは人によってある程度決まっています。私のクライアントでも「新規顧客獲得が大事」という人もいれば「既存顧客対応が大事」という人もいます。つまり、これはかりは**価値観によって判断が分かれます**。これを解決する方法は相手に聞くことです。

自分の意見を伝え、相手の判断基準を引き出す

クライアントの判断基準を聞き出す

コツは**自分の意見を伝えること**です。例えば、仕事を進めていく中で判断に迷った時には、クライアントに確認する際「私はこう考えます」といった自分の意見を伝えてみましょう。自分の意見を伝えるのは、相手の判断基準を引き出すのに非常に有効です。「新規顧客対応」と「既存顧客対応」の例でいうと次ページの図のような感じです。クライアントの田中さんにどちらを優先すべきか相談します。そこで、相談したいことや状況説明の他にも「私はこうしたほうがいいと思う」といった意見を伝えてみてください。今回の場合でいうと、クライアントから次のような意見が返ってくる可能性が考えられます。

①クレーム対応重視。Z様は大口契約の方なので最優先で対応

②クレーム対応重視。ただし、Z様には田中から連絡したい。土谷さんには新規対応をお願いしたい

③新規対応重視。Z様の件はそこまで急がなくてOK

クライアントの判断基準によって、判断は全く異なります。しかし、最初からクライアントの意見とピッタリ一致させることは重要ではありません。大事なのはあくまで判断基準のすりあわせ、ひいては、相手からどんな意見が返ってきて、その根元に

図5-4　連絡する時に自分の意見も入れた文例

4,10（月）9:30に、クライアントの田中さんに送ったメール

田中さん

【相談】
「新規顧客対応」と「既存顧客のクレーム対応」どちらを優先すべきでしょうか？

【状況】
・4.10（月）の9:20に新規見込み顧客A社様からメールが届く
・メールの内容は「サービスの導入を検討したいので、本日の午前中までに、提案資料がほしい」とのこと
※現時点で資料はないのでこれから作成する必要あり

・4.10（月）の9:25に既存顧客（Z様）からのクレームメールが届く
・メールの内容は「届くはずだった商品が届いていない」とのこと
※弊社のミスなので、こちらを優先すべきだと思います

【私の見解】
どちらかを対応すると、どちらかは対応できなくなります。
私としては【Z様を優先し、A社様にはご連絡が午後になってしまう旨を伝えよう】と思いますがいかがでしょうか？

ある相手の判断基準が何かを知ることです。

クライアントの仕事上での判断基準を知っていれば、**また同じ状況になっても同じ質問を繰り返す必要はありません。**また、別の仕事を進めていく中でも「そういえば田中さんはこういう判断基準の人だった」と判断の助けになることは間違いありません。そして、そういった「こういう人だから仕事をこう進めておこう」の気遣いが積もり積もって、あなたは「どうしても手放せない、気遣いのできる人材」になっていき、契約の継続率も上がります。

5-6

基礎知識　時短　関係性向上　収入アップ　効率化アップ　モチベーションアップ

文字だけで相手にわかりやすく伝えるコツ

ゆるポイント1　**前置きを最低限にして結論を書けば伝わりやすい**

ゆるポイント2　**まずはわかりやすさを意識しよう**

文字だけで伝えるのは実は大変

オンライン事務は文字だけでやりとり（テキストコミュニケーション）をしますが、これは非常に難しいです。

まず、ダメなテキストコミュニケーションにありがちなのが「前置きが長くて結論がわからない」です。つい**丁寧に説明しようと思って前置きを長く書いてしまい、伝えたいことが伝わらない**。その結果、クライアントに「結局何をいいたいの？」と質問させてしまう恐れがあります。

例えば次ページの図にあるレベル1

図5-5 伝わりにくい文例

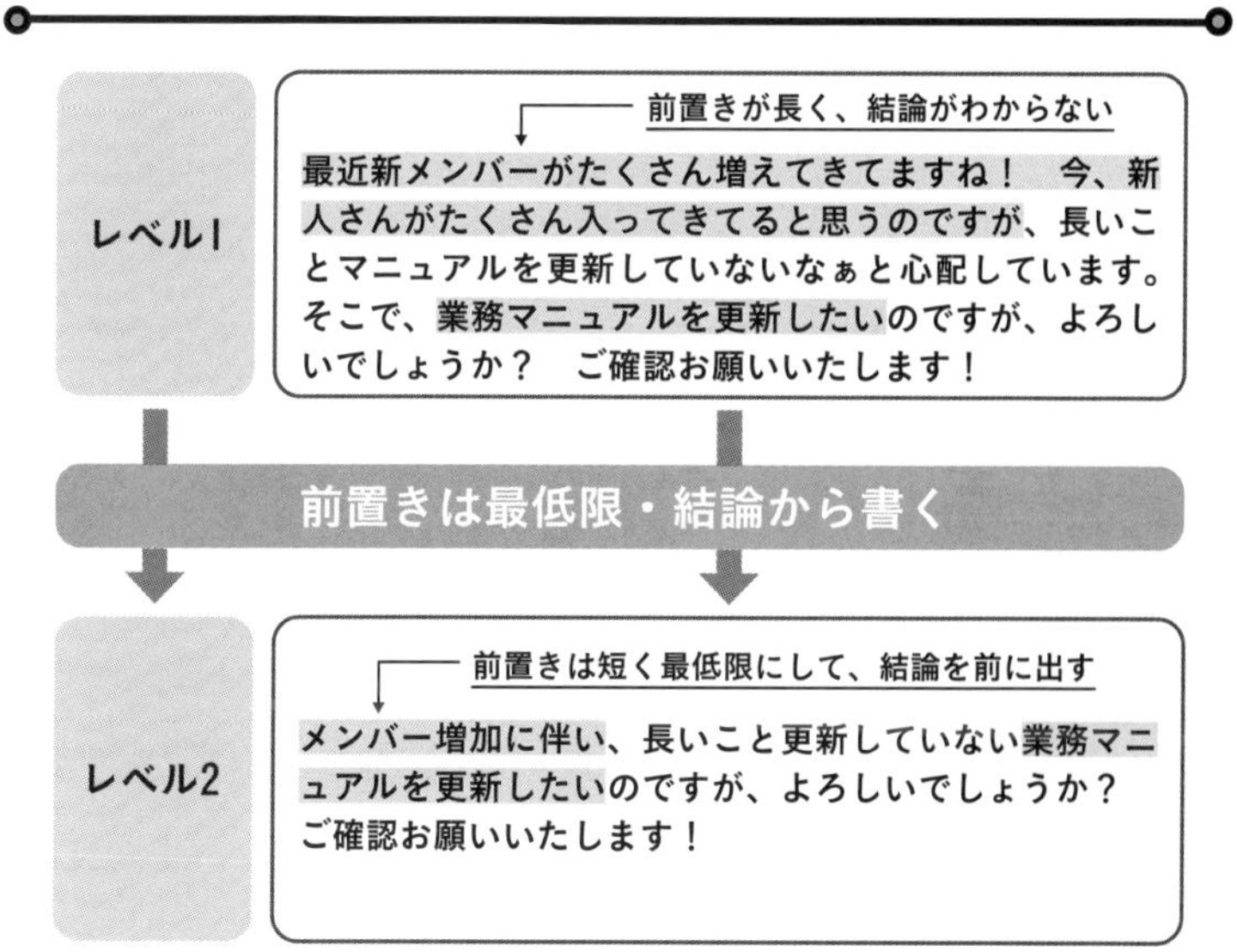
レベル1
前置きが長く、結論がわからない
最近新メンバーがたくさん増えてきてますね！ 今、新人さんがたくさん入ってきてると思うのですが、長いことマニュアルを更新していないなぁと心配しています。そこで、業務マニュアルを更新したいのですが、よろしいでしょうか？ ご確認お願いいたします！
前置きは最低限・結論から書く
レベル2
前置きは短く最低限にして、結論を前に出す
メンバー増加に伴い、長いこと更新していない業務マニュアルを更新したいのですが、よろしいでしょうか？
ご確認お願いいたします！

の文章は「現在の業務マニュアルを更新してもよいか」と聞きたいだけですが、前置きが長く、結論がわかりにくいです。

前置きは短く結論を先に書く（レベル1⇩レベル2）

まずは「結局何をいいたいの？」と言われないように、結論を先に書きましょう。前置きも「メンバー増加に伴い」と短く縮めていきます。上図のレベル2の文章はいかがでしょうか？
前置きを短くしただけですが、何を聞きたいのかがわかりやすくなりました。

5-7

基礎知識　時短　関係性向上　収入アップ　効率化アップ　モチベーションアップ

やりとりを最小限にする文章を書くコツ

ゆるポイント1　**テキストコミュニケーションは少しのコツで快適になる**

ゆるポイント2　**まずは真似しやすい「改行」や「箇条書き」からはじめよう**

「意見」と「事実」を分ける（レベル2⇩レベル3）

レベル2の文章はわかりやすくはなりました。しかし、この文章を見たクライアントは、これだけでは「どれくらい更新されていないのか」、つまり**更新すべきかどうかの判断がつきません**。そこで、次ページの図にあるレベル3の文章のように「意見（長いこと）」と「事実（最終更新日）」を分けて伝えてください。そうすれば、クライアントが客観的な事実（最終更新日）に基づいて、マニュアル更新の是非を判断できるようになります。

図5-6　クライアントが判断できるようにする

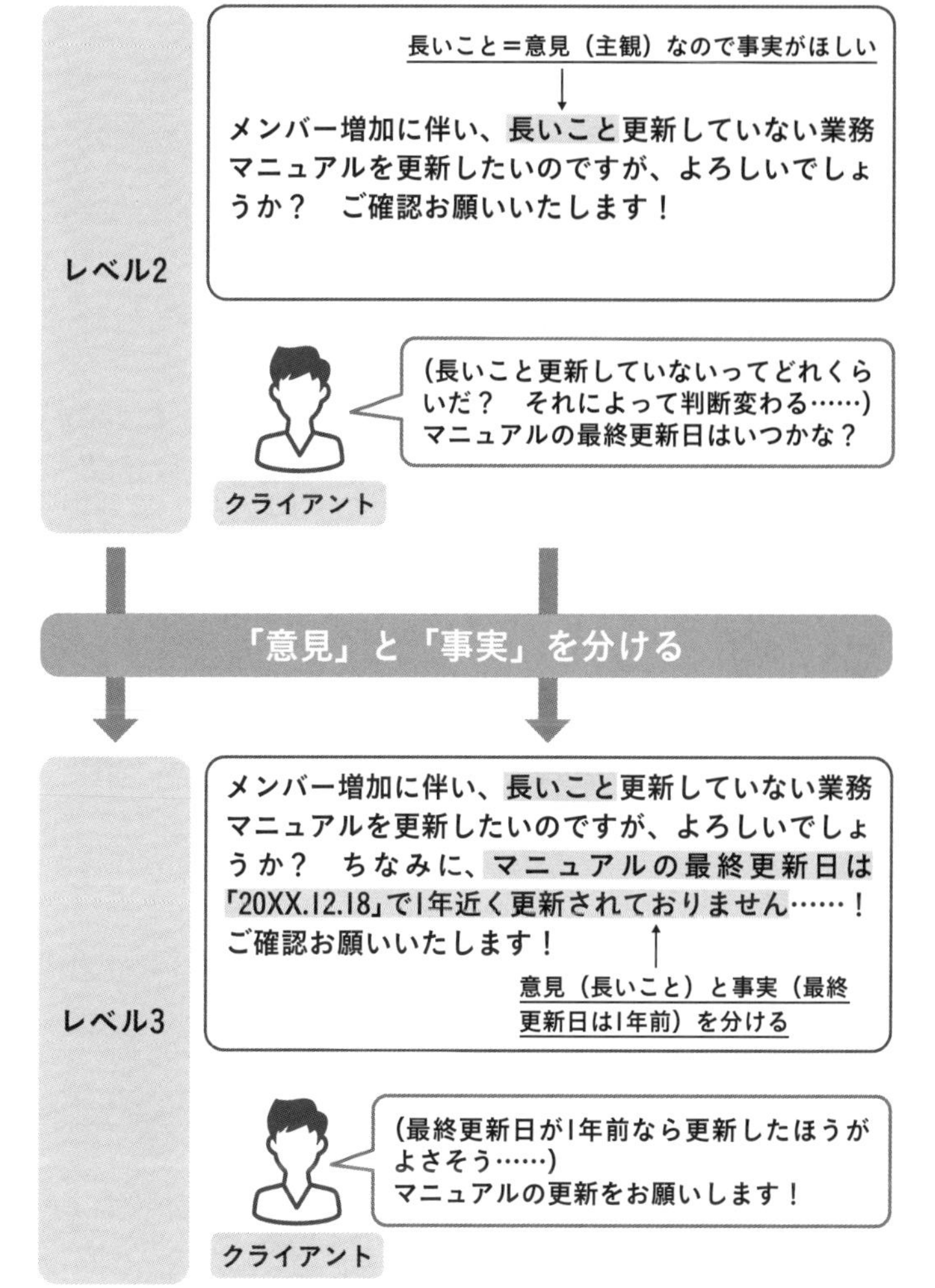
レベル2
長いこと＝意見（主観）なので事実がほしい
メンバー増加に伴い、長いこと更新していない業務マニュアルを更新したいのですが、よろしいでしょうか？　ご確認お願いいたします！
(長いこと更新していないってどれくらいだ？　それによって判断変わる……)
マニュアルの最終更新日はいつかな？
クライアント
「意見」と「事実」を分ける
レベル3
メンバー増加に伴い、長いこと更新していない業務マニュアルを更新したいのですが、よろしいでしょうか？　ちなみに、マニュアルの最終更新日は「20XX.12.18」で1年近く更新されておりません……！
ご確認お願いいたします！
意見（長いこと）と事実（最終更新日は1年前）を分ける
(最終更新日が1年前なら更新したほうがよさそう……)
マニュアルの更新をお願いします！
クライアント

事実を確認するための根拠資料を添える（レベル3⇩レベル4）

レベル3の文章だけでも、確かにマニュアルを更新すべきかは判断できます。しかし、もしクライアントが「オンライン事務の言う最終更新日は正しいのか」と心配したらどうでしょうか。クライアントはマニュアルを直接見にいき、自身の目で「最終更新日」を確認したくなるかもしれません。なので、そういった事態も想定して、事実を確認するための根拠資料（今回はマニュアル資料のURL）を次のページにあるレベル4の文章のように添えておきましょう。

レベル4の文章まで作れると**「先回りのできるコミュニケーションの手間がかからないオンライン事務」だとクライアントに喜ばれます**。とはいえ、いきなりは難しいですよね。大切なのは「想像力」です。こちらから送る文章（今回だとレベル3）をクライアントが見た時に**「何を思って、次にどんな行動や質問をするのか」を想像します。そして、その答えになるような、文章や情報を先んじて送ればOKです**。もちろん最初から、想像の中のクライアントの質問が当たるとは限りません。しかし、それでよいのです。大切なのは先回りして手間を減らそうとしてくれる姿勢です。

図5-7　クライアントが事実を確認するための資料を添える

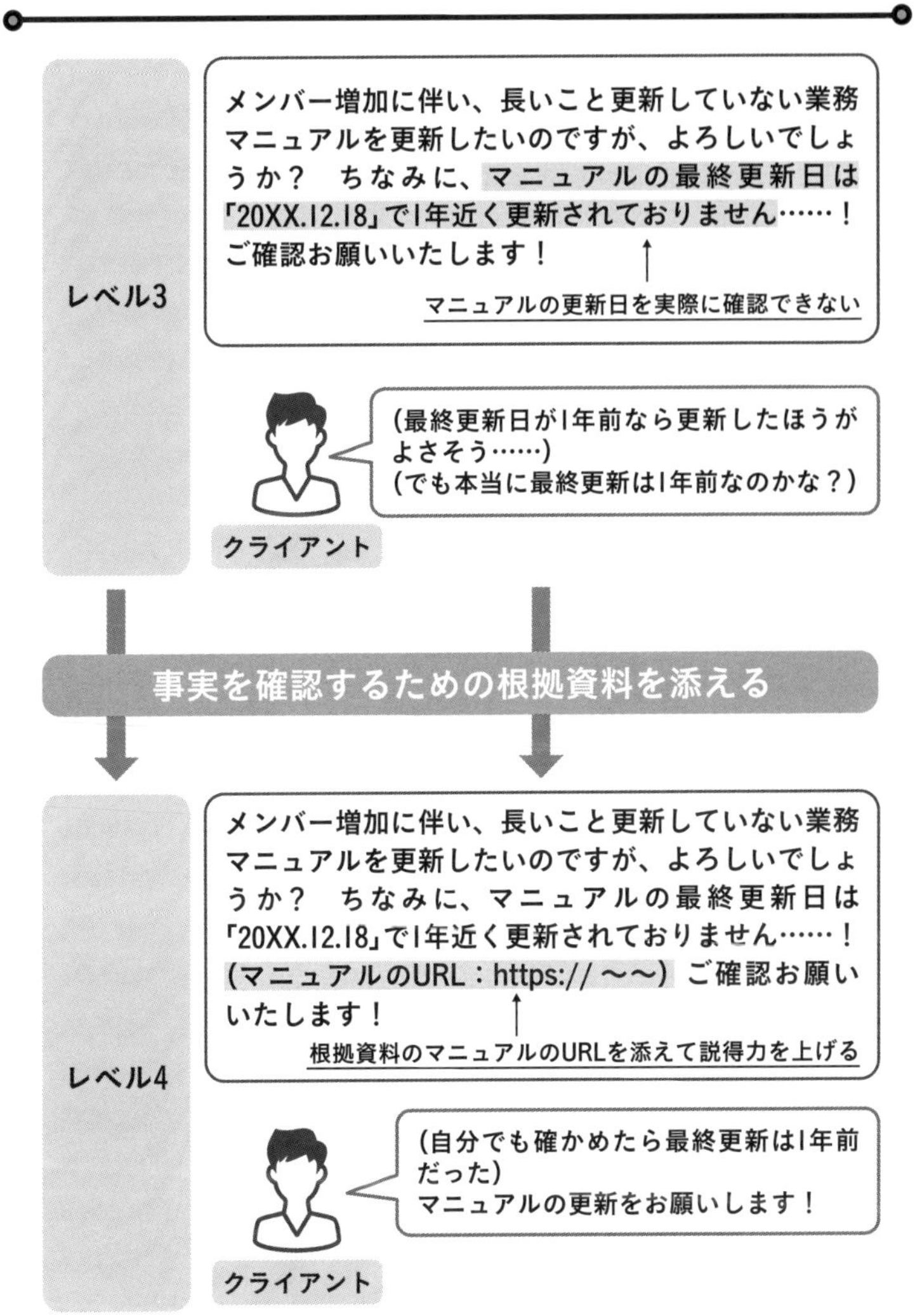
レベル3
メンバー増加に伴い、長いこと更新していない業務マニュアルを更新したいのですが、よろしいでしょうか？　ちなみに、マニュアルの最終更新日は「20XX.12.18」で1年近く更新されておりません……！ご確認お願いいたします！
マニュアルの更新日を実際に確認できない
(最終更新日が1年前なら更新したほうがよさそう……)
(でも本当に最終更新は1年前なのかな？)
クライアント
事実を確認するための根拠資料を添える
レベル4
メンバー増加に伴い、長いこと更新していない業務マニュアルを更新したいのですが、よろしいでしょうか？　ちなみに、マニュアルの最終更新日は「20XX.12.18」で1年近く更新されておりません……！(マニュアルのURL：https://～～) ご確認お願いいたします！
根拠資料のマニュアルのURLを添えて説得力を上げる
(自分でも確かめたら最終更新は1年前だった)
マニュアルの更新をお願いします！
クライアント

文章を読みやすくデザインする（レベル4⇩レベル5）

レベル4の文章で伝えるべき内容は全てです。しかし、文字がごちゃごちゃしており、かなり読みづらいです。そこで、**最後に文章を見やすくデザインしましょう。**具体的には**「改行する」「▼などの記号を使う」「箇条書きにする」「長いリンクは文章に埋め込む」**などです。これらは、パッと見た時に「文字のぎっしりさ」を感じさせないためのコツです。

ここで紹介するものはどれも真似しやすいものです。特に、改行・箇条書きなどはすぐにでも取り入れられるものなので、実践しましょう。

そして、レベル5の完成した文章を見ると、同じ内容でもかなり読みやすくなったと思いませんか？

図5-8　読みやすくするためのポイント

レベル4

メンバー増加に伴い、長いこと更新していない業務マニュアルを更新したいのですが、よろしいでしょうか？　ちなみに、マニュアルの最終更新日は「20XX.12.18」で1年近く更新されておりません……！（マニュアルのURL：https:// 〜〜）ご確認お願いいたします！

↑ とにかく読みづらい

クライアント

（言いたいことはわかったけど、読みづらいなぁ……）

文章を読みやすくデザインする

レベル5（完成）

▼などの記号や箇条書きを使う

メンバー増加に伴い、長いこと更新していない業務マニュアルを更新したいのですが、よろしいでしょうか？

← 改行する

▼マニュアルの情報
・最終更新日：20XX.12.18（約1年前）
・マニュアルはこちら ← 長いリンクは埋め込む

ご確認お願いいたします！

最後に、レベル1とレベル5（完成）の文章を見比べてみましょう。次ページの図を見てください。両方とも同じことを伝えているのですが、わかりやすさや伝わりやすさ・見やすさに大きな差が生まれていることがわかります。

テキストコミュニケーションのうまさは財産

さて、はっきりいってテキストコミュニケーションは難しいです。私もすぐにできるようになったわけではないですし、まだまだ改善し続けています。しかし、難しいからこそテキストコミュニケーションがうまいオンライン事務はあまりいません。なので、テキストコミュニケーションがうまいとそれだけで仕事が増えることもある、非常に重要なスキルです。また、一度身につけると、本業でのやりとりで活きることも多々あります。まさに財産です。

本書で紹介したコツ（特に「文章をデザインする」のコツ）をおこなうだけでも劇的に文章は改善されます。最初は難しいですが、まずは改行や箇条書きなど、真似しやすいところから取り組んでみてください。これから少しずつ訓練していき、ぜひテキストコミュニケーションのうまいオンライン事務に近づきましょう。

図5-9　読みやすく、クライアントが判断しやすい文章

レベル1

最近新メンバーがたくさん増えてきてますね！　今、新人さんがたくさん入ってきてると思うのですが、長いことマニュアルを更新していないなぁと心配しています。そこで、業務マニュアルを更新したいのですが、よろしいでしょうか？　ご確認お願いいたします！

わかりやすく伝えるコツを実践

レベル5（完成）

メンバー増加に伴い、長いこと更新していない業務マニュアルを更新したいのですが、よろしいでしょうか？

▼現在のマニュアルの情報
・最終更新日：20XX.12.18（約1年前）
・マニュアルはこちら

ご確認お願いいたします！

円滑に物事を運ぶために やわらかい文章を書くコツ

ゆるポイント1 やわらかい文章はオンライン事務の武器にできる

ゆるポイント2 まずは真似しやすい「感謝サンドイッチ」からはじめよう

やわらかい文章を書く大切さ

チャットでのテキストコミュニケーションで、ついやりがちなのが「淡々とした、なんだか冷たい印象」を与える文章を書いてしまうことです。**同じことを伝えていても、文章全体にやわらかさがあるのとないのとでは、感じのよさには天と地ほどの差があります。**やわらかいコミュニケーションができる方が、仕事がスムーズに進み、仕事自体も楽しくやりとりができるので、非常に大切です。節の最後でやわらかくする前の文章と後の文章を比較して、違いを確認してみてください。

図5-10　全体の印象をやわらかくする方法

レベル1

いきなり要件がはじまって怖い

本日のタスクをお知らせします。
〇〇工業の鈴木様へのお返事は本日までに必ずおこなってください。

前回、鈴木様から「返信が遅い」と言われてしまい、返信が遅くなると大変なので、忘れないようご対応よろしくお願いします。（一言の返信でも結構です）

締め切りが厳しいので、また14時に確認のご連絡いたします。

感謝サンドイッチで全体の印象をやわらかく

レベル2

昨日も夜遅くまでタスクを確認してくださってありがとうございました。
本日のタスクをお知らせします。

最初と最後に感謝の言葉を添える

〇〇工業の鈴木様へのお返事は本日までに必ずおこなってください。
前回、鈴木様から「返信が遅い」と言われてしまい、返信が遅くなると大変なので、今回こそは忘れないようご対応よろしくお願いします。（一言の返信でも結構です）

締め切りが厳しいので、また14時に確認のご連絡いたします。
お忙しい中、いつもご対応いただきありがとうございます。

感謝サンドイッチで全体の印象をやわらかく（レベル1→レベル2）

レベル1の文章ではいきなり要件からはじまっているので怖い印象が出やすく、注意が必要です。そこで**大事なのが「感謝サンドイッチ」**です。心理学には「初頭効果」と「終末効果」という言葉があります。これは最初の印象・最後の印象で全体の印象が決まるもので、文章だと最初と最後の言葉の印象で、文章全体の印象が決まるということです。科学的な正しさは厳密には不明ですが、体感的には正しいと感じます。なので、私は最初と最後に感謝の言葉で文章全体をサンドイッチし、やわらかさを表現しています。前節で伝えた通り、結論から書くことも大事です。結論の手前に一言、感謝の言葉を添えてやわらかなコミュニケーションを表現してみてください。

「。」を「！」に変える（レベル2→レベル3）

次にレベル3のように、**「。」を「！」に変えてみましょう**。メールだと「。」を使うほうが一般的だと思います。しかし、メールを手紙だとすれば、チャットは会話で

図5-11　チャットではカジュアルさを出す

レベル2

昨日も夜遅くまでタスクを確認してくださってありがとうございました。

本日のタスクをお知らせします。

「。」はチャットでは冷たい印象に

〇〇工業の鈴木様へのお返事は本日までに必ずおこなってください。

前回、鈴木様から「返信が遅い」と言われてしまい、返信が遅くなると大変なので、今回こそは忘れないようご対応よろしくお願いします。(一言の返信でも結構です)

締め切りが厳しいので、また14時に確認のご連絡いたします。

お忙しい中、いつもご対応いただきありがとうございます。

↓「。」を「！」に変える↓

レベル3

昨日も夜遅くまでタスクを確認してくださってありがとうございました！

本日のタスクをお知らせします。

「！」に変えてカジュアルさを

〇〇工業の鈴木様へのお返事は本日までに必ずおこなってください！

前回、鈴木様から「返信が遅い」と言われてしまい、返信が遅くなると大変なので、今回こそは忘れないようご対応よろしくお願いします。(一言の返信でも結構です)

締め切りが厳しいので、また14時に確認のご連絡いたします。

お忙しい中、いつもご対応いただきありがとうございます！

す。チャットでは、カジュアルに会話をする人が多く「。」は冷たい印象に感じられかねません。もちろんクライアントの好み優先です。また、この「！」や「。」を使うバランスは最後に見直して調整するようにしましょう。一文一文打っている時には違和感がなくても、全体でみるとバランスが悪いこともあります。

怖い・上から目線の言葉などは変換（レベル3→レベル4）

また、言葉自体に圧力を感じることもあります。その場合は、**やわらかく感じる言葉に変換しましょう**。レベル4にもあるように「締め切りが厳しいので」ではなく「締め切りがタイトなので」としたほうがマイルドになりませんか？　そのため、「言葉に圧があって怖いかも？」と思ったら、カタカナに変更できないか、言葉を検索してみてください。例えば「締め切りが厳しい他の言い方」と検索するなどです。

さらに、レベル3にある「〜してください！」というのは「〜してくれ」という命令を丁寧に伝えているだけなので上から目線です。なので、**お願いする時には必ず「〜してくれたら嬉しいです（幸いです）」と伝えるようにしましょう**。また、「結構です。」の言葉も冷たい印象に映ります。これも「〜なら嬉しい」と変換しましょう。

図5-12　余計な言葉を削除し印象を上げる

レベル3

昨日も夜遅くまでタスクを確認してくださってありがとうございました！

本日のタスクをお知らせします。


〇〇工業の鈴木様へのお返事は本日までに必ずおこなってください！

前回、鈴木様から「返信が遅い」と言われてしまい、返信が遅くなると大変なので、今回こそは忘れないようご対応よろしくお願いします。（一言の返信でも結構です）

締め切りが厳しいので、また14時に確認のご連絡いたします。

お忙しい中、いつもご対応いただきありがとうございます！

言葉に圧力や冷たさ、嫌みっぽさがある

・怖い・上から目線の言葉などは変換
・嫌みっぽい言葉は全て削除

「～嬉しいです・幸いです」や「カタカナ」に変換

レベル4

昨日も夜遅くまでタスクを確認してくださってありがとうございました！

本日のタスクをお知らせします。


〇〇工業の鈴木様へのお返事は本日までにおこなっていただけると嬉しいです！

「なるべく早く返事がほしい」と鈴木様からご連絡があったので、早めにご対応いただけると幸いです。（一言の返信でも嬉しいです！）


締め切りがタイトなので、また14時に確認のご連絡いたします。

お忙しい中、いつもご対応いただきありがとうございます！

嫌みっぽい言葉は全て削除（レベル3→レベル4）

クライアントが対応してくれなかったり、きちんと伝えたのに締め切りを破ったりするのを見ると「もっとちゃんとしてほしい気持ち」が先行してしまうことがあります。その結果、レベル3にあるような嫌みっぽい言葉が出てしまうこともあります。

これはきっちりやりたいオンライン事務タイプにありがちな傾向ではありますが、こらえてください。クライアントにはきっちりすることが苦手でオンライン事務に仕事を頼んでいる方が大勢います。なので、クライアントが忘れてしまったり、締め切りを守らなかったりするのはある意味、当然なのです。大事なのは、クライアントが忘れないようにするための繰り返し伝える、クライアントの見やすいツールで伝えるなどのサポートです。

イライラを文章にあらわしても何もいいことはないので、嫌みっぽい言葉は削除します。もしここで嫌みっぽさを出すと、クライアントもわざわざ怖いオンライン事務を選びたくないので、契約を継続してもらえなくなる可能性もあるので、注意しましょう。

最後に「私にできることがあれば」と伝える（レベル4→レベル5）

レベル4の文章のように、文章の最後のほうに「また14時に連絡しますね！」というと、追い込んで急かしている感じが出て少し怖いです。この場合、文章の最後のほうには**「よければ私のほうで▲▲をやっておきましょうか？」といった感じの言葉を添えてみてください。**この言葉があるだけで急かすだけでなく、「できるだけこちらの負担を減らそうとしてくれている」とクライアントに喜ばれます。また、もしここで仕事の巻き取りに成功したら、仕事量が増えるので、オンライン事務にとっては報酬も増えて一石二鳥です。このように、クライアントの印象がよくなるだけでなく自分の報酬も上がるので、**最後に業務の巻き取りを提案するのはおすすめです。**最初は仕事の巻き取りを提案するのは怖いかもしれませんが、恐れず何度も声をかけてみましょう。

一度提案を受け入れて業務を巻き取ってもらったクライアントは、その楽さに驚き、どんどん提案を受け入れてくれるようになります。まずは、どんどん提案して数をこなして、受け入れてもらえるようになりましょう。

図5-13　やわらかい伝え方の完成形

レベル4

昨日も夜遅くまでタスクを確認してくださってありがとうございました！

本日のタスクをお知らせします。


〇〇工業の鈴木様へのお返事は本日までにおこなっていただけると嬉しいです！

「なるべく早く返事がほしい」と鈴木様からご連絡があったので、早めにご対応いただけると幸いです。（一言の返信でも嬉しいです！）


締め切りがタイトなので、また14時に確認のご連絡いたします。

お忙しい中、いつもご対応いただきありがとうございます！

↓

・最後に「私にできることがあれば」と伝える
・語尾や表現の最終調整をする

↓

レベル5（完成）

昨日も夜遅くまでタスクを確認してくださってありがとうございました！

本日のタスクをお知らせします。


〇〇工業の鈴木様へのお返事は本日までにおこなっていただけると嬉しいです！

「なるべく早く返事がほしい」と鈴木様からご連絡があったので、早めにご対応いただけると幸いです。（一言の返信でも嬉しいです！）


締め切りがタイトなので、また14時に確認のご連絡いたします。

もしよければ、たたきとなる返信文の作成など、いつでもお手伝いいたしますので、お気軽にお声がけください。

お忙しい中、いつもご対応いただきありがとうございます！

巻き取れそうな仕事を提案する

レベル1とレベル5の違いを確認しよう

では、最後に2つの文章を比較してみましょう。141ページにあるレベル1の文章と、レベル5の文章を見比べてみてください。**両方とも同じことを伝え、お願いしていることには変わりません。しかし、ここまで印象が違ってきます**。

皆さんが連絡を受け取る立場だとして考えてみたら、どちらの文章を受け取った方が仕事のモチベーションが上がりますか？　もちろん、レベル5だと思います。

このようなやわらかいコミュニケーションは、クライアントとの仕事を円滑に、かつ気持ちよく進めるためには非常に重要なのです。

5-9

効率化アップ

仕事で使われるチャットツールを知ろう

ゆるポイント1　チャットツールのプロにならなくても大丈夫

ゆるポイント2　チャットツールはそのうち使えるようになる

オンライン事務として大事なこと

色々なチャットツールがありますが、チャットツールはクライアントの好みに合わせて使いましょう。そして、クライアントをサポートする**オンライン事務として大事なのは、「一通りのチャットツールを知っていること」「2-9で紹介した通り最低限使えること」**です。まず、次ページで紹介する「よく使われるチャットツール」は知っておきましょう。

ちなみに、全てのチャットツールに精通する必要はありません。チャット

表5-1　チャットツールの比較

チャットツール名	使用率	できること
Chatwork	使用率はかなり高くChatworkかSlackのどちらかまたは両方使っている場合が多い	・1対1のチャット ・グループチャット ・Chatwork電話 ・概要欄を使ってのメモ ・タスク設定
Slack	使用率はかなり高い	・1対1のチャット ・会社ごとにワークスペースという箱を作成 ・Slack電話 ・メッセージのリマインド機能など
Facebookのメッセンジャー	特に30代以上の使用率が高い	・1対1でのチャット ・グループチャット
Microsoft Teams	セキュリティの厳しい会社や官公庁などの使用率が高い	・1対1のチャット ・グループチャット ・ビデオ会議
LINE	機械が苦手な人でもLINEなら見られる人が多い	・1対1のチャット ・グループチャット ・LINE電話 ・ノート機能を使ってのメモ

ツールごとに色々と便利な機能はありますが、**それらの機能も、チャットツールを使っていけばそのうち使えるようになるのでご安心ください。**とはいえ、早く使い方を覚えたいなら2-9でも触れた通り、実際に自分で使ってみるのがおすすめです。

よく使われるチャットツールの紹介

多くのクライアントは大体上図にあるどれかをメインで使っていることが多いので、仕事開始前に一通り触っておきましょう。全て最初は無料で使えます。

5-10

関係性向上

テキストだけだと伝わらない!?
忙しい依頼主とのうまい付き合い方

ゆるポイント1 ＞ **チャットの返信がない時には電話でサクッと確認もOK**

ゆるポイント2 ＞ **忙しいクライアントにも少しの工夫で電話ができる**

クライアントにサクッとMTGの提案もOK

オンライン事務の仕事は多くの場合チャットツールを使ったテキストだけでやりとりを進めます。しかし、確認のチャット連絡が多くなればなるほど、クライアントがチャットツールを開くのが億劫になり、後回しにされてしまうこともあります。そこで、私がよく使う小技が「今から10分ほどお話しできますか?」と提案することです。意外かもしれませんが**「電話のほうが楽（話しちゃったほうが楽）」というクライアントも結構います**。そのため、**締め切りやタスクの確認が滞っている時には口頭で聞いてしまうのも実はアリ**です。もちろん、クライアントによっては電話NGの方もいるので、その確認は必要です。

忙しい人と話せるようにできる工夫

とはいえ、クライアントは忙しい方が多いですし、前もって電話のための予定を押さえられるのを億劫に思う方もいます。そこでおすすめなのが「電話OKの時間帯を教えてください。〝サクッと確認〟をしたくなったらその時間にお電話しますね。もし電話に出られそうだったら出ていただき、難しければ出なくて大丈夫です」と伝えることです。この確認をしておけば、**事前にアポイントを取る手間もなく、サクッと確認ができます**。実際に私のクライアントは「10時〜12時」がサクッと確認OKな時間帯なので、そこで確認をしています。また、クライアントが外出時の移動の合間などのちょっとした時間に電話をかけ直してくれることもあります。このようにして、いかに忙しいクライアントとコミュニケーションを取るのかを工夫することもオンライン事務の大事な役割です。

Column 5

したくない仕事と出会ったら

通話が苦手だったり、時間帯的に難しかったりする方は**無理に通話を提案する必要はありません**。また、副業だと稼働時間帯が早朝や深夜になる方も多いと思います。その場合もやはり無理して通話をする必要はありません。この「通話」についてもそうですが、副業をしていると「日中もっと自由に動けたら……」と感じることはたくさんあると思います。しかし、焦る必要はありません。

今、オンライン事務の需要は本当に大きく、私も常に「誰かいい人いない？」と聞かれます。私以外のオンライン事務の方のお話を聞いても同様です。常によいオンライン事務を探している人が多数います。何がいいたいかというと「クライアントはたくさんいる」ということです。**「たとえ通話ができなくても全く問題ない」というクライアントも本当にたくさんいます**。なので、ご自身と条件の合う方とだけ仕事をしていても大丈夫です。それに、苦手な仕事をしないほうが、長い目で見たら絶対に幸せです。嫌なことや本当に無理なことはせず、ゆるく副業していきましょう。

ちなみに、極端に苦手な仕事をしないことは、私が楽しく働く上でも大切にしていることです。詳細は8-3で紹介しているので、そちらもぜひご覧ください。

第6章

オンラインでうまく仕事を進める方法

アクセスキー　j（小文字のジェイ）

6-1

関係性向上

クライアントとの打ち合わせですること

ゆるポイント1 **打ち合わせのコツを押さえれば評価が爆上がり**

ゆるポイント2 **わからないことはクライアントに聞いても大丈夫**

本章からは実際にオンライン事務の仕事をはじめる時に知っておいてほしい仕事のコツや進め方を紹介していきます。

クライアントとの打ち合わせの前日までにおこなうこと

前提として、次ページの図で関係性をチェックしておきましょう。オンライン事務の仕事では、クライアントとオンラインで打ち合わせすることがあります。そんな時に「この人は仕事ができる」と思ってもらえるような動きをいくつか紹介します。

まず**前日までにおこなうことは「打**

図6-1　クライアント・顧客・オンライン事務の関係性

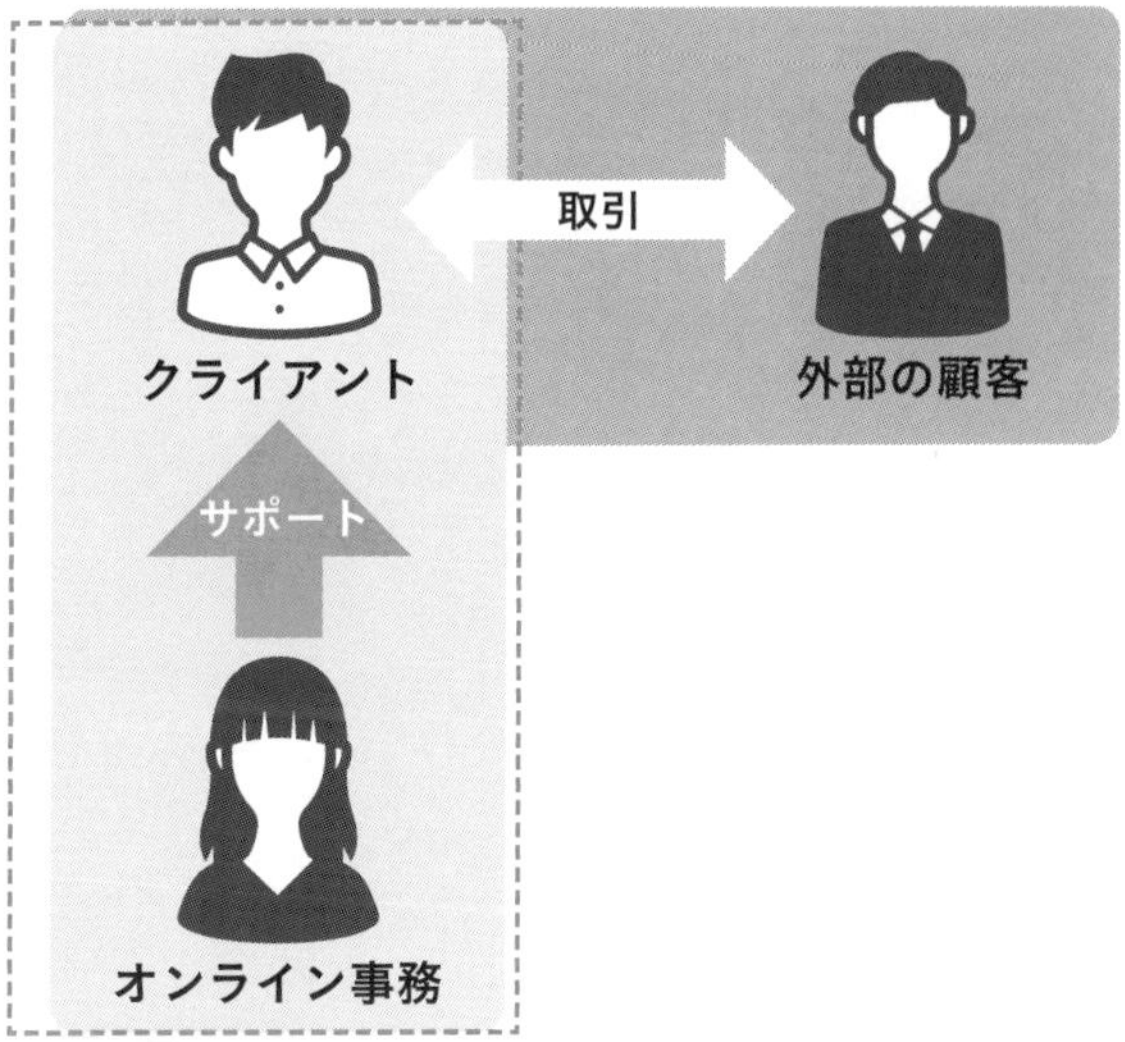

ち合わせのリマインド（再お知らせ）です。

日時を勘違いしていたら大変なので、リマインドは非常に重要です。このような「万が一、日時を勘違いしていたら」に備えて前日に確認のリマインドをできること。これがサポート業務をするオンライン事務には求められます。

また、**面倒と思われがちな「ビデオ会議URLの発行」「議事録の下準備」なども積極的に取り組みましょう**。オンライン事務は「クライアントの手間や仕事を減らし、クライアントの空き時間をいかに増やせるか」が大事です。こうした面倒な仕事の代行を積み重ねると信頼関係を作れます。また、打ち合わせで使用する議事録の土台作りは、Googleドキュメントを新しく作成し、必要な項目を書いておくだけでまずは十分です。読者特典（4ページ）に議事録のひな形があるので、ぜひ使ってみてください。

クライアントとの打ち合わせ当日にすること

次は当日の打ち合わせ中におこなうことを紹介します。次の3点です。

①打ち合わせの当日の朝にも念の為のリマインドをする
②打ち合わせ中は、録音（録画）をし、適宜メモを取る。わからないことは質問し、不明点を解消する
③打ち合わせの最後にはお互いの宿題（やること）を確認する

まず、当日の朝も念の為、リマインドしましょう。クライアントは非常に忙しい方ばかりです。前日のリマインドメッセージを忘れることもあるので、再度リマインド

図6-2　打ち合わせ後に送る連絡

本日はありがとうございました！
打ち合わせの最後に確認していただいた宿題表をこちらのチャットにも送ります！

誰が	何を	いつまでに
土谷みみこ	顧客A社への訪問日調整	4.18（金）17:00
土谷みみこ	次回の打ち合わせ日の調整	4.21（月）17:00

また、〇〇さんとお話できてとても勉強になりました！
貴重なお時間をいただき、誠にありがとうございます！

をしましょう。

また、打ち合わせがはじまる際には**クライアントに録音（録画）してもいいかを確認し、許可を得て、記録を残しましょう**。打ち合わせ中はクライアントの話を理解するのに手一杯になると思います。メモは取りますが、完全に追いつけるとは限りません。そんな時に後から聞き直すための保険として、許可を得た上で録音をしましょう。ちなみに、Zoomはボタン1つで簡単に録画ができて便利です。

そして、打ち合わせ中には、知らない言葉や専門用語が出てくることもありますが、**まずはそのままの言葉をメ**

モしましょう。そして、クライアントが話し終わった後に、「先ほどの▼▼というのは〝〜〜〟という意味であっていますか？　念の為確認させてください」と聞き、きちんとクライアントと認識を合わせましょう。そうしないと、クライアントはオンライン事務が理解したものとして今後も話を進めます。しかし、クライアントの話の腰を折らないように、確認するタイミングは、クライアントの話が終わった後にしましょう。

打ち合わせ終了の間際には、お互いの宿題（やること）の整理をします。打ち合わせ後に「結局誰が何をやるんだっけ？」となりがちなので、それを防止するための動きです。具体的には、「誰が」「いつまでに」「何をするのか」を最後に整理しましょう。ちなみに、私は図のようにあらかじめ3項目が入る表を作成しておき、穴埋め形式にしてすぐに宿題表を作成できるようにしています。

クライアントとの打ち合わせ終了後にすること

打ち合わせが終わった後には**「打ち合わせのお礼・宿題表の送付」と「自分の宿題を1つ終わらせること」をしましょう**。まずは打ち合わせのお礼をし、それと同時に宿題表をチャットに貼り付けて再度宿題の確認もおこないます。具体的な内容は前ページの図の通りです。

また、宿題表の中で自分に割り当てられた宿題は打ち合わせの直後30分以内に終わらせると「仕事がめちゃめちゃ速い」と思ってもらえるので、すごくおすすめです。例えば、4月18日までの「訪問日調整」を、打ち合わせ終了後30分以内におこないます。すると、結果として、締め切り日に余裕をもって仕事を終えることができます。忙しいとつい、タスクを後回しにして、締め切り日直前にとりかかりがちです。全体の進行に影響を及ぼさないためにも、自分自身の仕事をためないためにも、打ち合わせ終了後に宿題をすぐに終わらせることはやはりおすすめです。

私は**よほどのことがない限り、打ち合わせの終了後に作業する時間として、余裕をもって1時間ほどの時間を空けてあります**。そのおかげかよく「土谷さんは仕事が速くて助かる」とのお言葉をいただきます。打ち合わせの直後に、予定をいれないでおくことはすぐに真似できることなのでぜひ試してみてください。

クライアントの顧客との打ち合わせで注意すること

ゆるポイント1　打ち合わせでは記録係に徹してひたすらメモでOK

ゆるポイント2　わからない言葉や専門用語もそのままメモして大丈夫

顧客との打ち合わせの場でしてはいけないこと

また、クライアントの「顧客」とのオンラインでの打ち合わせに同席をお願いされることがあります。基本的な動きとしては、前節で紹介した次の4つをおこなえば問題ありません。

- **開催のリマインド**
- **議事録の執筆**
- **録音（録画）とその許可**
- **宿題の確認や対応**

しかし、クライアントとの打ち合わ

せと大きく違う点があります。それは**顧客もいる打ち合わせで、自分が打ち合わせの主担当でない場合は「打ち合わせ中に不明な言葉があっても、その場で聞かない」**点です。

顧客との打ち合わせの時間を奪ってはいけない話

顧客もいる打ち合わせのメインは、クライアントと顧客です。両者が時間をとって、クライアントが提供するサービスのことなどを話す貴重な場です。したがって、クライアントと顧客が理解できる言葉をその場で「それってどういう意味ですか？」とオンライン事務が聞き、両者の時間を奪ってはいけません。オンライン事務が打ち合わせへの同席を頼まれる理由の多くは、議事録執筆などの記録をお願いしたいからなので、この場では記録係に徹しましょう。もし、**わからない言葉が出てきた場合は、聞いた言葉のままでメモを取り、後ほど自身で調べて「こういう意味であっていますか?」と顧客のいる場ではなく、別でクライアントに確認します**。

6-3

関係性向上　効率化アップ

ヌケモレのない書類作成の手順

ゆるポイント1 **最初から完璧な書類を作れなくても大丈夫**

ゆるポイント2 **書類作成の仕事はアピールするチャンスも作れる**

頼まれる様々な書類作成の仕事

オンライン事務が頼まれる書類作成は、「クライアントの顧客に提出する報告書」「売上管理の書類」「議事録」など非常に多岐にわたります。本節では**書類作成全般における仕事の進め方やコツについて紹介します**。

まず、おすすめなのがチェックリストの作成です。これは、最初に書類作成の仕事をした時に、クライアントにいわれたフィードバックの内容を箇条書きにしたもので、書類の種類ごとに作成しています。

もし、次回同じ書類の作成を頼まれれ

た際には、提出前にこのチェックリストで確認すれば、同じことを何度も指摘されません。

作ったチェックリストの存在はクライアントに伝える

作成したチェックリストはクライアントに見せましょう。「○○さんにご指摘いただいた内容を繰り返さないように、このようにチェックリストにしてまとめています！」と伝えてみてください。すると「指摘したことをちゃんと覚えるように頑張ってくれている」と思ってもらえ、クライアントからの評価が上がります。

オンラインで仕事をしているとどうしても頑張りや努力は伝わりにくいので、このように**きちんと言葉にして伝えることでクライアントからの信頼貯金を増やしていく**ことができます。第5章でも触れてきましたが、クライアントからの信頼貯金の残高が少ないと、報酬が上がらなかったり、連絡しても優先順位が低くて返信してもらえなかったりと仕事がしにくくなります。そのため、オンラインでもクライアントの信頼貯金をためられるように積極的にクライアントに伝えましょう。

チェックリストは後々、引き継ぎ資料に化ける

書類作成の際にチェックリスト作成をおすすめするのには、もう1つ理由があります。それは、**チェックリストが引き継ぎ資料に化けるという大きな価値がある**からです。時には、クライアントの事業拡大でオンライン事務の人員を増やすことがあります。すると、今までの仕事を新しいオンライン事務に引き継ぐことになります。しかし、引き継ぎ資料を一から作るのは大変ですし、ヌケモレがあるかもしれません。ですが、日頃からチェックリストを作っておけば、それがそのまま引き継ぎ資料になり、あとは仕事の流れを伝えるだけです。私のメインクライアントはよく「1を1で終わらすな」と言います。「**1（指摘内容を繰り返さないためのチェックリスト）をそれだけでなく、他のものにも活用しよう、そうすれば作業の効率は格段に上がる**」ということです。今回でいうと、1（指摘内容を繰り返さないためのチェックリスト）で終わらさずに、別の1（引き継ぎ資料）にもなり、2になりました。この考え方はクライアント側からしてみたら、先を見通した効率的な行動なので、この行動をクライアントに伝えれば信頼貯金はさらにたまるでしょう。

図6-3　チェックリストの活用方法

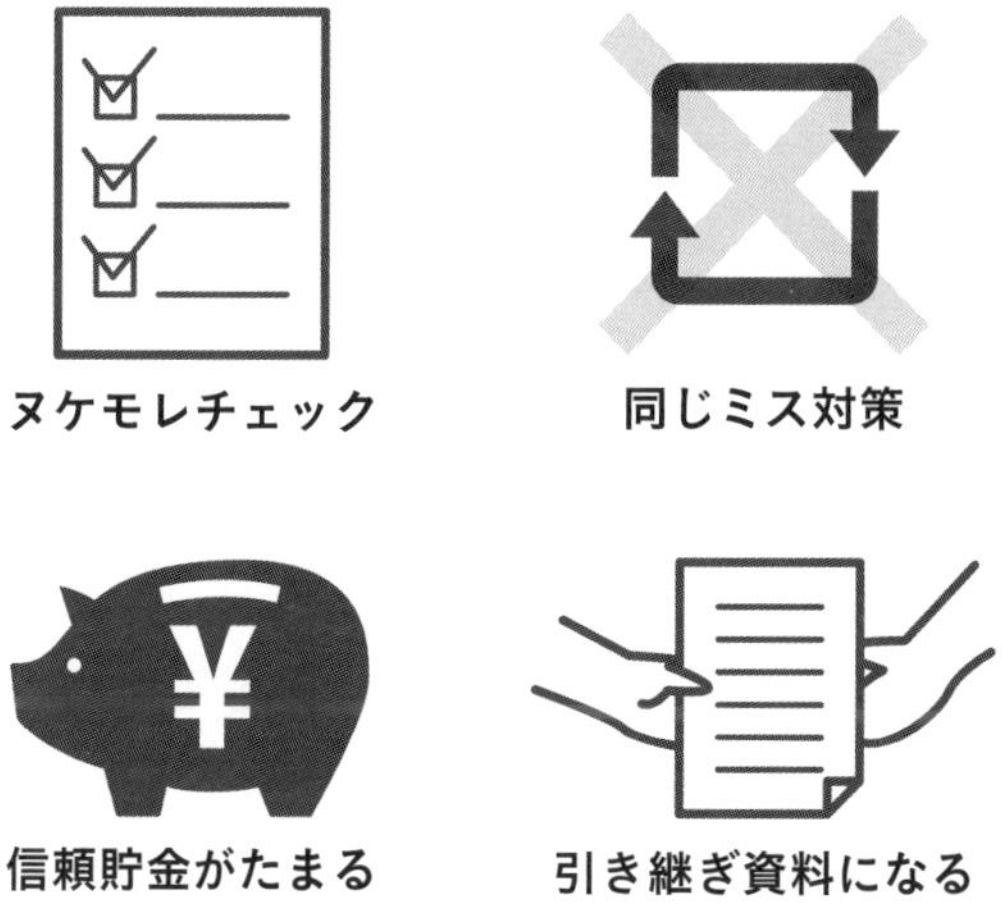
ヌケモレチェック
同じミス対策
信頼貯金がたまる
引き継ぎ資料になる

仕事をする上での工夫は必ず伝えよう

クライアントに「仕事での工夫」を伝えるのは恥ずかしいかもしれませんが、正直もったいないです。オンライン事務は在宅仕事のため、どれだけ仕事で工夫をしていても、クライアントに気づいてもらえない確率が高いです。少し恥ずかしくても必ず伝えましょう。その際には「チェックリストを作成しています」ではなく**「チェックリストを作成して同じ間違いをしないようにします」と相手のメリットのためにおこなっているニュアンスで報告するのがおすすめです。**

6-4

基礎知識　時短　関係性向上　収入アップ　顧客化アップ　モチベーションアップ

書類作成・共有のベストなタイミングとは

ゆるポイント1　**15%できたところで確認すれば希望の資料が作れる**

ゆるポイント2　**自分の作業完了日を伝えれば急な修正も防げる**

仕事における報連相の大切さ

書類作成に限ったことではありませんが、**仕事の途中で報連相（報告・連絡・相談）をすることは非常に大切**です。なぜなら、報連相をしないまま仕事を進めてしまうと、クライアントの頭の中でイメージしている書類とオンライン事務が作成した書類に大きな差が生まれる可能性があるからです。

例えば、あなたは5月20日締め切りの書類作成を頼まれました。そして、締め切り前日の5月19日に書類が完成し、そこで初めてクライアントに自分の作成した書類を見せます。しかしクライアントから「イメージしていた内容と全然違う、作り直して！」と言われてしまいました。時刻は5月19日の17時。確認の時間も含めたら今晩中に仕事をしないといけなくなり……。このような事態を避けるために、**クライアントの頭の中のイメージと自分の書類を早々にすりあわせる**必要があります。特に書類作成の時は顕著ですが、どんな仕事でも早めに報連相をしましょう。何度だっていいますが、本当に報連相は大切です。

共有のベストなタイミングは15％作成できたら

まず、全体の15％ほどできたら最初の共有をしましょう。ここでいう15％は次の3つの条件を全て満たしたものです。

- **15分程度でできるもの（時間をかけすぎない）**
- **体裁は全く整えない（文字の大きさなどはバラバラでOK）**
- **全体の構成や方向性が決まっている**

このような感じで作成したものをクライアントに見せます。そして、大事なのは**とにかく早く15％確認をおこなう**こと。少なくとも書類作成の仕事をお願いされた翌営業日までにはおこないましょう。なぜなら、この【15%確認】で出した内容がクライアントのイメージと大きく異なる場合、その修正の時間・再確認の時間が必要になるからです。

自分の修正完了日を伝えて締め切りに間に合わせる

【15%確認】でクライアントからフィードバックを受けた内容をもとに、修正作業にうつります。その際必ず、**自分が何日頃に修正が終わりそうかをクライアントに宣言しましょう。**クライアントに自分の動きを宣言することで「その修正日で間に合わない、都合が悪い」場合には、次図の通り早めに調整できることがあります。

オンライン事務はオンラインで仕事が完結するので、目の前でやりとりはできません。しかし、コミュニケーションの仕方で、いかようにもできます。今回でいうと、早めに着手し、クライアントに報告・相談をすることで、滞りなく資料作成が可能になります。このようなコミュニケーションをすれば、「締め切りまでに資料ができない」「イメージと全く違う資料ができてしまった」といったことを避けることができます。

図6-4　修正完了日を伝えて無理のないスケジュールで進行する

▼自分の修正スケジュールで問題がない時

17日までに
修正してご連絡しますね！
オンライン事務
わかりました！
その後修正確認します！
クライアント

▼自分の修正スケジュールで問題がある時

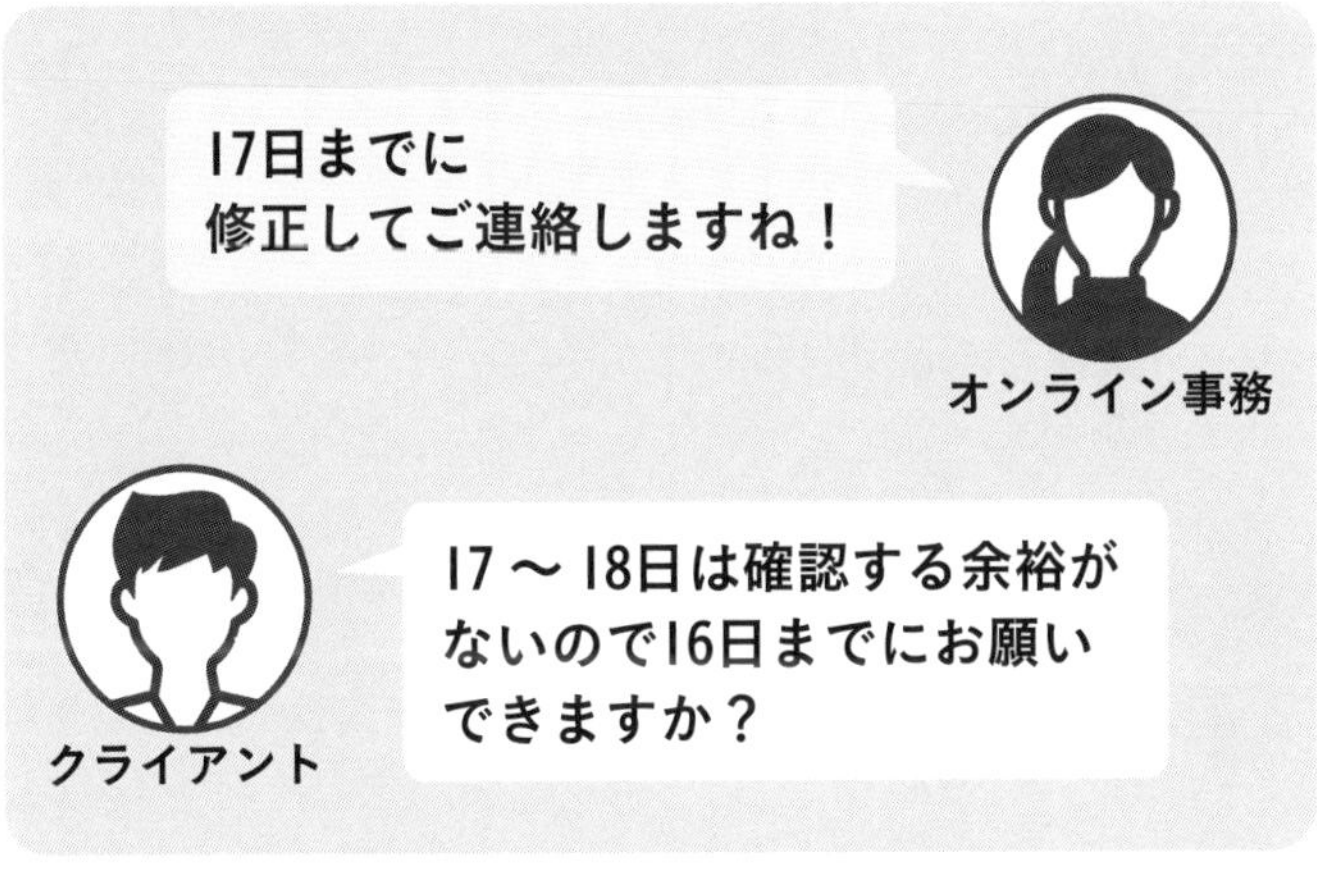
17日までに
修正してご連絡しますね！
オンライン事務
17～18日は確認する余裕がないので16日までにお願いできますか？
クライアント

6-5

基礎知識

伝わりやすい資料にするためのデザインのコツ

ゆるポイント1 センスがなくても おしゃれな資料は作れる

ゆるポイント2 おしゃれな色の組み合わせは 無料サイトに教えてもらえばOK

センスはなくても よい資料は作れる

オンライン事務の仕事をしていると、営業資料・商品説明など、Googleスライドを使うような資料作成を任されることがあります。そして、この仕事の時に困るのが、「センスのよい資料をどのように作るか」です。

残念ながら私にはセンスはありません。しかし、**これから紹介する「4つの鉄則」を守った結果、「センスがあるね」と言われるようになりました**。

もちろん本当にセンスのよい資料を作りたい場合は、デザイナーに依頼します。そのため、ここでは、オンライン事務として資料作成を頼まれた時に「最低限ここだけ守っていれば、センスが悪いとはいわれない」といった鉄則を4つ紹介します。

鉄則その1：使う色は文字色を入れて2～3色まで

まず、資料に使う色は絶対に絞りましょう。**文字色を入れて最大で3色まで**です。センスのない人がよくやるのが、カラフルな色使いをすることです。使う色が多くなればなるほどごちゃごちゃした印象になり、一気に垢抜けない印象になってしまいます。

プロのデザイナーはカラフルな色を使ってもきれいにまとめますが、私たちはデザイナーではありません。「無難に資料の色の数は抑える」――これが最初の鉄則です。

鉄則その2：原色は使わない

センスのない人が原色（パキッとはっきりした色）を使うとそれだけでセンスが悪い資料になってしまいます。なので、資料を作成する際には、原色以外の色を使いましょう。とはいえ、「どんな色を使えばいいのか」「どんな色の組み合わせならセンスがよいのか」を考えるのは難しいですよね。そこで、おすすめのサイトがあります。プレゼンデザイン（https://ppt.design4u.jp/theme-color-samples/）というサイトでは、センスのいい色の組み合わせを、登録なし・無料で教えてくれます。

デザインをすることに慣れていないと、つい自分でゼロから全てを作りたくなったり、考えたくなったりしますが、それはNGです。センスのよい人がきれいにまとめたデザインのポイントが、ネットや本にたくさんあります。それらをうまく活用しましょう。

また、クライアントの企業に関する資料を作成する際には、企業のコーポレートロゴの色を基調に資料を作ると、違和感がないのでおすすめです。

鉄則その3：文字のフォントは統一する

次に、**文字のフォント（明朝やゴシックなど）は作る資料の中で1種類だけ**にしましょう。プロのデザイナーは複数のフォントを織り交ぜることもありますが、オンライン事務の私たちは無難にいきましょう。1つの資料で使うフォントは1種類にしてみてください。

余談ですが、クライアントによっては「いつも使っている好みのフォント」がありますす。資料作成の際にはいつも使っているフォントを確認してから資料作成をすると喜ばれるのでおすすめです。

鉄則その4：余白は多めにする

最後は余白についての鉄則です。**資料は余白をもたせるとセンスよくおしゃれに見えます。**

1枚の資料の中に、文字を多く書きすぎたり、イラストや写真をペタペタとたくさん貼り付けて余白をなくしてしまうとセンスが悪く見えてしまうので、注意が必要です。

6-6

時短　効率化アップ

単語登録機能・テンプレート機能を使って、地味に時間を節約しよう

ゆるポイント1　**実はすごい！　パソコンの機能を使えば賢く時短できる**

ゆるポイント2　**ちょっとした工夫で自由に使える時間を増やせる**

単語登録機能をフル活用しよう

副業をはじめると大切になってくるのが仕事の時短です。ここではパソコンやアプリで使える時短の便利な機能を紹介します。

まず、**パソコンの単語登録機能です**。例えば住所は入力も手間がかかりますし、間違えたら大変です。単語登録機能は自分のパソコンに「単語を自由に登録できる」機能で、大体のパソコンにあります。**「一発変換できない」「よく使う一文」、例えば人の名前や挨拶の一部などを登録しておくと入力が楽になるのでおすすめです。**

Gmailのテンプレート機能は時短の神

これまでオンライン事務の仕事では、「チャットがよく使われる」と紹介してきましたが、まだまだメール（主にGmail）も現役です。例えば、「クライアントとはチャットでやりとりをするが、クライアントの顧客とはGmailでやりとりをする」などはよくあります。そして、メールでのやりとりで定型文を使う際には、Gmailのテンプレート機能がとても便利です。

例えば、顧客からの「この商品はいつ届きますか？」といった問い合わせに対して、「商品はまだ発送されておりません。ご注文から3日ほどで発送されます。発送で き次第、メールをお送りしますので、少々お待ちください。」といった旨の定型文を返す業務があるとします（返信の文章例は簡易な例にしています）。

その際に、**Gmailにあらかじめこの文章を登録しておけばボタン1つで、同じ文章を書くことができます**。今回のような返信の型が決まっている一次返信対応などでは、このテンプレート機能が非常に役に立ちます。

6-7

基礎知識　時短　関係性向上　収入アップ　効率化アップ　モチベーションアップ

やりがい抜群のタスク管理の方法を知る

ゆるポイント1　**簡単なお知らせからはじめる**

ゆるポイント2　**業務を代行すれば報酬UP！**

タスク（締め切り）管理は何をするの？

オンライン事務としてよくお願いされる仕事に「タスク（締め切り）管理」があります。この仕事は、例えばクライアントが見積書を【明後日の午前中までに】作成しなければいけないとして、そのタスクを守るためにサポートする仕事です。タスク管理と聞くと「この日までにやってください」といったリマインド（再お知らせ）を想像するかもしれません。もちろんそれもしますが、**究極の「タスク管理」は、タスク自体を消し去ること**です。

タスク自体を消すとは、一体どういうことなのでしょうか？ まず、タスク管理には何段階かあるので、先ほどの「見積書を明後日までに送る」を例に紹介します。

レベル1：クライアントにタスクの内容と締め切りをリマインドする

レベル1では「明後日が見積書の提出日です」とタスクの内容と締め切りを、クライアントにリマインドすることを指します。リマインドの頻度はタスクの緊急度にもよりますが、基本的には1日1回です。この段階では、見積書の作成・送付をするのはあくまでクライアントで、オンライン事務はそれをリマインドしているだけです。

レベル2：クライアントのタスクを代行する

次の**レベル2では、クライアントのタスク（見積書の作成）を代行します**。したがって、見積書の作成はオンライン事務で、送付をクライアントがします。

図6-5　タスク管理のレベル

	クライアントのタスク	オンライン事務のタスク
レベル1	・見積書の作成 ・見積書の送付	・締め切り日のお知らせ
レベル2	・見積書の送付 ・見積書の作成 →	・締め切り日のお知らせ ・見積書の作成
レベル3	・見積書の送付 → ・見積書の作成 →	・締め切り日のお知らせ ・見積書の作成 ・見積書の送付

レベル3：顧客対応までタスクを巻き取る

さらにその次のレベル3では**作成した見積書を顧客に送付する、顧客対応のタスク**までオンライン事務がおこないます。

上図の通りレベル3の箇所を見てみると、当初クライアントがやるはずだったタスクが全てなくなりました。これがまさしく究極のタスク管理です。**クライアントのタスクをどんどん奪っていき、クライアントの時間を空ける。そうして空いた時間で、クライアントにしかできない業務をしてもら**

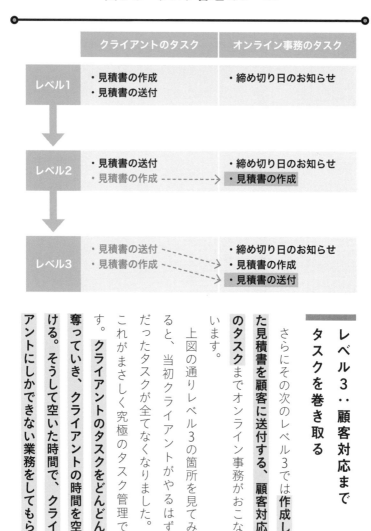

うことで「あなたがいないと困る」と言ってもらえることが増えていきます。

タスク管理は人によって適切なやり方が色々

このようにしてタスク管理をしていくのですが、クライアントは非常に忙しく、またタスク量も膨大です。そのため、そのタスク管理をサポートしていくのは非常に大変です。そこで、少しでもタスク管理を快適にするために、ここでは私のおすすめのタスク管理法をいくつか紹介します。

まず、**大事なのが「自分の手元で何を使って管理するか」**です。これから紹介するツールは大きく2種類に分かれます。「アプリなどの電子ツール」と「手帳やメモ帳などの紙製品」です。タスク管理ツールは正直「好き嫌い」で使うものを決めてOKです。どれも非常に使いやすいので「なんとなく使いやすい」などの理由で使用を決めても構いません。**毎日見るツールなので、愛着の湧きやすいものを使いましょう**。ちなみに、私はクライアントへのリマインドにはアプリを使っていますが、手元でのタスク管理には紙の手帳をメインで使っています。

おすすめのタスク管理ツール（Webツール編）

次ページの図に載っているツールは締め切りを管理するものとしておすすめです。一部有料のものもありますが、どれも最初は無料で使うことができます。詳細な説明は省きますが、左側の2つはチャットツールなので、タスクを箇条書きにして毎朝送ります。一方で右側の5つはタスクの内容と締め切りを記載した一覧表を作成し、クライアントと共有していくイメージです。**このようなツールを使って、クライアントに「今日の締め切りタスクはこれですよ！」とお知らせをしています**。

おすすめのタスク管理ツール（紙の手帳編）

クライアントだけでなく、自分自身のタスクも含めての管理は紙の手帳がおすすめです。アプリは便利ですが、クライアントとのたくさんのメッセージで埋もれてしまうことが多々あります。その点、紙の手帳を使うのは自分だけです。タスクを書いた場所を開けば、絶対にタスクの詳細が残っています。**タスクが絶対に流れないという点で私は手帳での管理をおすすめしています**。

図6-6　タイプ別：アプリの紹介

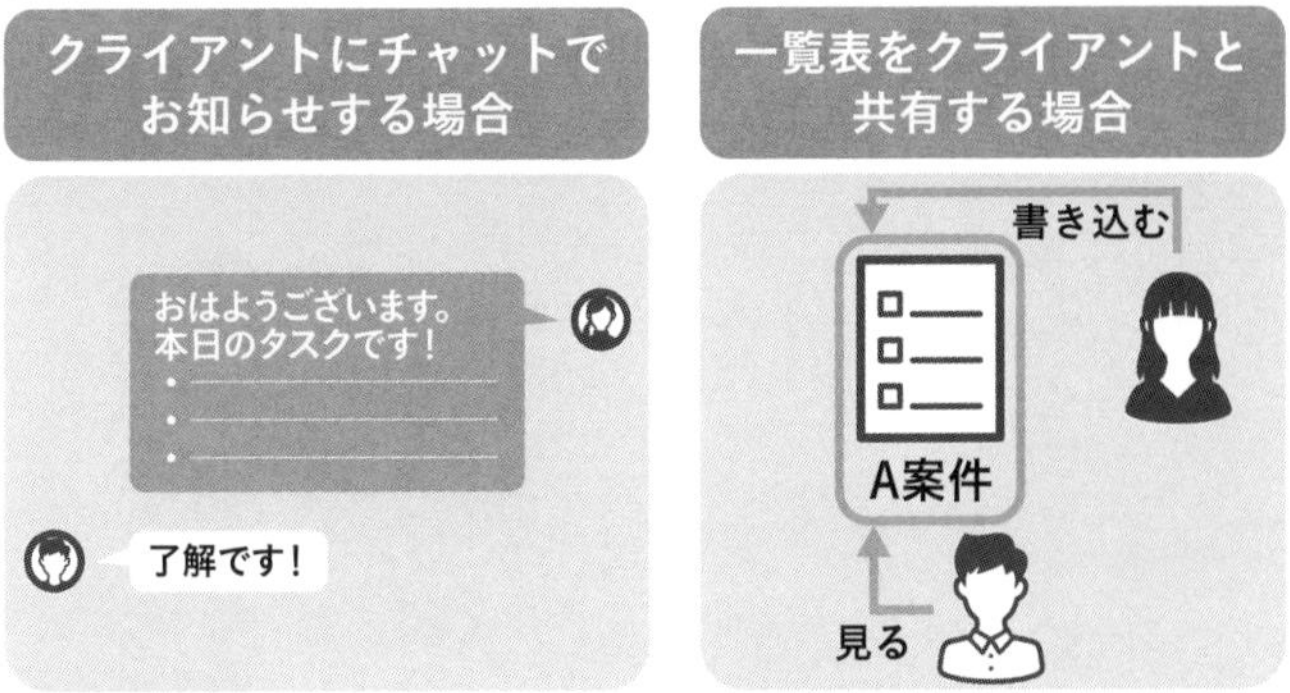
クライアントにチャットでお知らせする場合
おはようございます。
本日のタスクです！
了解です！
一覧表をクライアントと共有する場合
書き込む
A案件
見る

- Chatwork
- Slack

- Trello（トレロ）
- GoogleKeep
- Asana（アサナ）
- Notion（ノーション）
- Googleスプレッドシート

あとは、私が手帳で仕事をすることに憧れていたことも理由の1つです。「そんな理由で使ってるの？」と思うかもしれませんが、**自身のテンションが上がることを仕事に取り入れるのは大切です**。仕事をしていると気分が乗らなかったり、落ち込んだりすることがあると思います。しかし、テンションが上がることを相手に迷惑のかからない範囲で仕事に取り入れるだけで、仕事のモチベーションも上がるものです。なので、私は書きやすいお気に入りの手帳と、好きなデザインの手帳カバー、見た目もかっこよくて書きやすいボールペンで仕事をしています。

Column 6

仕事のブランクがあっても大丈夫

長年専業主婦をしていた方から「仕事を辞めて10年だけど、大丈夫でしょうか？」と相談を受けることがあります。答えはもちろん「大丈夫」です。実際に私の周りには**ずっと専業主婦をしていたけれども、オンライン事務として活躍している人がたくさんいます。**まず、オンライン事務の仕事は未経験でもOKの仕事がたくさんあることはここまでお伝えしてきた通りです。もちろん中には「経験者のみ」の案件もありますが、割合としては少ないのでご安心ください。

したがって、まずは未経験OKの仕事へ応募してみましょう。確かにいきなり採用はされないかもしれませんが、「なるべく早く返事をする」などの真似しやすいところからはじめていき、オフィスツールやビデオ会議ツール、チャットツールを日常使いしていきましょう。そうすれば、一気にあなたは「Webに強い応募者」になれます。オンライン事務になりたい人は増えていますが、まだまだ「Webに強い応募者」は少ない印象です。**本書で紹介しているツールを一通り触って、どういう人物が求められるのかを学習し、実践していけば、未経験者の中でも頭ひとつ飛び抜けられる**と自信をもっていえます。仕事のブランクは関係ありません。あらゆる場所で言及していますが、クライアントに求められるのは「いま何ができるのか」です。ぜひできることからコツコツはじめていきましょう。

第7章

さらなる報酬を求めて1人社長・個人事業主と働こう

アクセスキー 9（数字のきゅう）

7-1

1人社長・個人事業主から仕事を受注しよう

ゆるポイント1　コネはなくても大丈夫

ゆるポイント2　合わないクライアントとは条件次第ですぐにお別れできる

直接契約をすれば単価もアップ

長期契約で仕事を探すのにおすすめしてきた「オンライン秘書会社」や「クラウドソーシング」は、初めてオンライン事務をする際にはおすすめです。しかし、両者はサポート体制などがある代わりに報酬が比較的安かったり、手数料が報酬から引かれてしまったりと金銭面でのデメリットが大きいのも事実です。もしかすると、報酬面で物足りなく感じるかもしれません。

そういう場合には、**時給1，100円以上もらえる（中には時給2，000円以上の人も）1人社長や個人事業主**

への直接営業を検討しましょう。ちなみに、1人社長や個人事業主の知人やコネなどはなくて大丈夫です。なぜなら、「私はオンライン事務をしています。このようなことを時給〇〇円でサポートできますがいかがでしょうか？」のように連絡をすればいいからです。具体的には7－2で紹介します。

1人社長や個人事業主と働く際の注意点

報酬面のメリットが多い直接契約ですが、即戦力を求められがちというデメリットもあります。1人社長や個人事業主で、自社の秘書・事務チームをもっている人はまだ少ないです。なので、あなたが1人目のオンライン事務かもしれません。そうであれば、事務関連のマニュアルがなかったり、困った時に聞く先輩がいなかったりします。そのため、なるべく教育する必要があまりない人のほうが喜ばれる傾向にあります。もちろん、クライアントである1人社長や個人事業主に相談すれば回答してもらえますが、「手取り足取り指導してもらえる、研修のようなこと」はあまりないので、その点だけ注意しましょう。

最初から最高のクライアントに会えるわけではない

当たり前ですが、最初から最高のクライアントに会えるとは限りません。普段は優しい感じの方でも、雇用関係になった途端に少しパワハラ気味になる方もいます。しかし、一方で今まで出会っていなかったような、素敵なクライアントと出会うこともあります。私のクライアントも仕事ができ、仲間思いで尊敬できる方です。また、私の働き方や生活リズムにも配慮してくれ、なるべく働きやすい環境を作ってくれようとします。**理解のあるクライアントに出会えると、驚くほど一気に働きやすくなります。**皆さんにはぜひそういう素敵なクライアントと出会ってほしいです。

トライアンドエラーを繰り返す

そして、素敵なクライアントに出会うためにはトライアンドエラーが必要です。つまり、少し一緒に仕事をしてみて、違和感があったら辞めて、次のクライアントと仕事をして……ということです。先ほども述べましたが、素敵なクライアントかどうかは一緒に働いてみないとわかりません。そのため、少しだけ働いてみて価値観などを

図7-1　1人社長・個人事業主の特徴

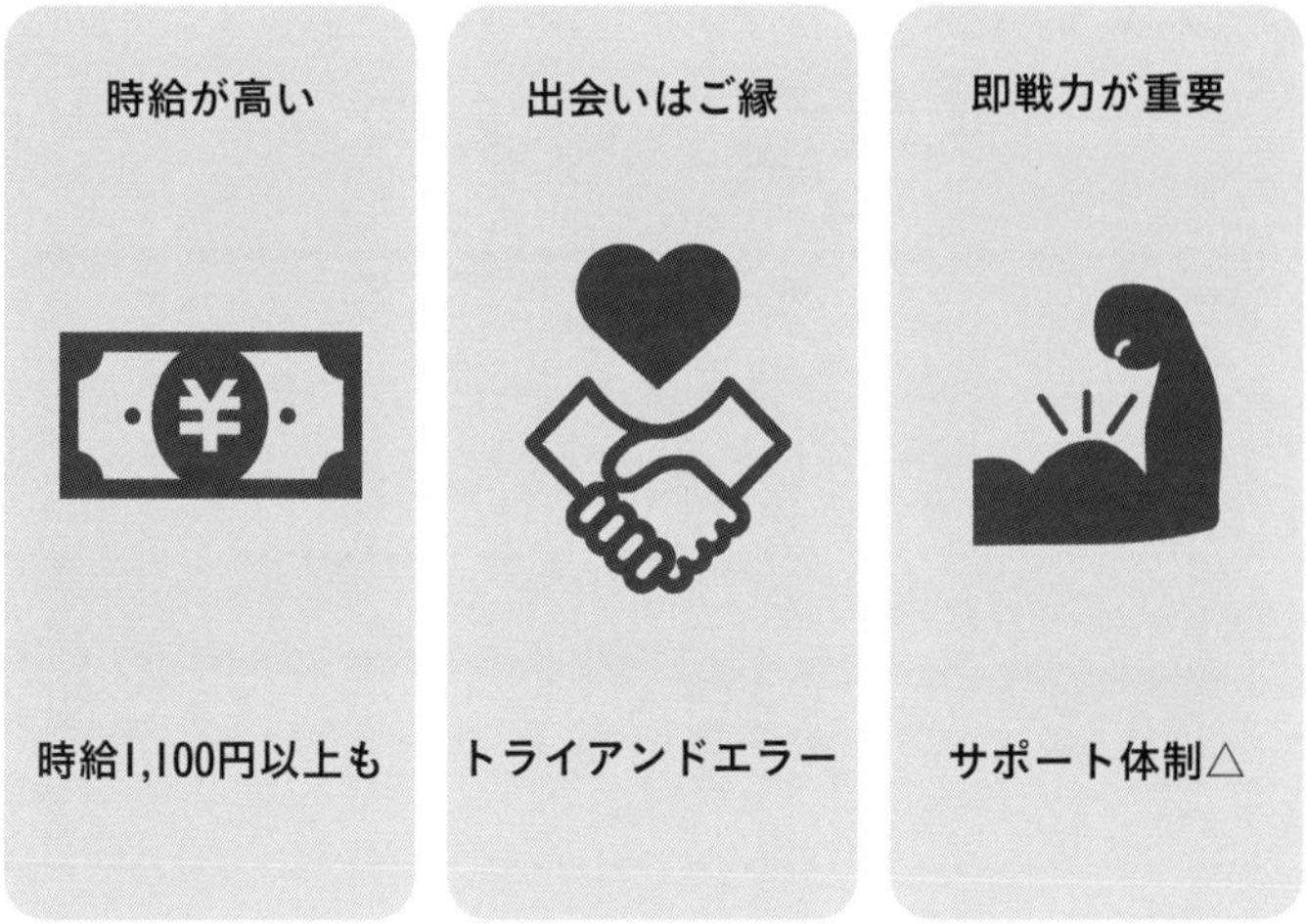
時給が高い
時給1,100円以上も
出会いはご縁
トライアンドエラー
即戦力が重要
サポート体制△

確かめ、もし違和感があれば、きちんと契約内容を守りつつ契約違反しない範囲で契約を終了しましょう。例えば、「契約期間中に契約を終了したい場合には辞める1ヶ月前に通知をすること」などの条件が書かれています。そのため、**契約を終了させる場合にはこの条件は必ず守りましょう。**

　また、報酬をもらっている立場で契約を終了するなんて無理だと感じる方もいるかもしれません。しかし、8-4でも触れますが、働き手であるオンライン事務とクライアントはいつだって対等なので、問題ありません。

7-2

基礎知識　時短　関係性向上　収入アップ　効率化アップ　モチベーションアップ

SNSでのクライアントの探し方と事前面談のススメ

ゆるポイント1　クライアント探しにはSNSを活用できる

ゆるポイント2　事前面談をしてクライアントの人となりを知ることが大切

まずはSNSでクライアント候補を探そう

1人社長・個人事業主と仕事をはじめるまでの流れは次ページの図の通りです。まずはサポートしたい1人社長や個人事業主を探しましょう。探し方は3-1でも少し触れた通り**Twitterでのキーワード検索がおすすめ**です。

その他にも、好きなInstagramの投稿をヒントにその投稿者へ営業する方法もあります。ただ、サポートしたいクライアント候補はすぐには見つからないものです。毎日少しずつ時間を使って、継続的に探しましょう。

図7-2　1人社長・個人事業主との仕事のはじめかた

クライアント探し	Twitter・InstagramなどのSNSで地道に候補を探す
▼	
営業メッセージ送付	サポートしたい旨を伝え、お試し採用を提案する
▼	
事前面談の実施	オンライン事務のよさの説明・頼みたい業務の聞き取り
▼	
お試し採用開始	まずは10時間のお試しサポート

クライアント候補にメッセージを送ってみよう

サポートしたいクライアント候補を見つけたら、営業メッセージを送ります。ただ、クライアントは忙しいので、基本的にあまり返信はないと思っておきましょう。20通送って1通かえってきたらよいほうです。相手がたまたまサポートを求めているのかなどの「タイミングと運の勝負」でもあります。そのため、**基本的にメッセージは全て無視されるくらいの期待値で、どんどん送りましょう**。参考までに営業メッセージの文章例を紹介します。

図7-3　営業メッセージの文章例

初めまして。オンライン事務というサポート業務をしている土谷みみこと申します。

突然のご連絡、申し訳ございません。
実は、普段から○○様の仕事内容・仕事に対する考え方などのSNS投稿を拝見している中で、何か○○様のお仕事のサポートをさせていただけないかと思い、ご連絡しました！

私にできることは、
・タスクの管理
・見積書や請求書の発行
・議事録の作成
・顧客への一次返信
などの業務です。
※上記業務はあくまで一例であり、上記以外でも対応可能なので、ご相談くださいませ！

もしよければ、Zoomなどを使って30分〜1時間ほどお話しできればと思うのですがいかがでしょうか？その際に、お手伝いできそうな点などについてお話しできたら幸いです。

なお、初期は業務内容や稼働時間が想定しにくいと思います。そこで、初月のお試しとして「10時間まで、合計1万円」で業務をご依頼いただく「お試し採用プラン」を用意してみました（通常：1時間あたり1,300円）。最初の10時間が終了した時点で発注を決めることができます。

以上です。突然のご連絡にも関わらず、お読みいただきありがとうございました。
何かしら少しでも○○様のサポートをしたいと考えております。
よろしくお願いいたします。

クライアント候補と仕事開始前に話してみよう

前向きなメッセージの返信がきたとしても、クライアントと一度も話さないまま契約を結ぶのは互いに不安だと思います。そのため、本契約をする前に事前面談をするのがおすすめです。事前面談では、**「オンラインで1時間ほどの時間を使って「オンライン事務のよさの説明」や「頼みたい業務の聞き取り」などをおこないます。**

オンライン事務のよさの説明

まずはオンライン事務を頼むことでのよくあるメリットの紹介です。例えば、次のようなメリットを伝えてアピールしましょう。

- **クライアントが普段おこなっているあらゆる雑務を引き受けられる**
- **請求書発行などの定型的な細かい仕事を手放すことができる**
- **クライアントは空いた時間で他の業務（今後の事業計画をたてるなど）ができるようになる**
- **さらにオンライン事務に支払う報酬は経費にできるので、節税にもなる**

頼みたい業務の聞き取り

次に「クライアントが頼みたい業務の聞き取り」をしましょう。すでに頼みたい業務が決まっていたら、現在はどのように対応・事務処理しているのかを聞き、メモを取ります。もし、頼みたい業務が決まっていない場合は「面倒だと思う作業を片っ端から教えてください」と伝えましょう。そして、それぞれの仕事にかかっている時間や、重要度、クライアントにしかできないものではないかを聞き取ります。

聞き取りを進めると「この業務は面倒だけど、私（クライアント）にしかできないからなぁ……」と言われることが多いと思うのですが、その場合は**細分化して踏み込んでみてください**。例えば、「お客さんへの提案資料作りが面倒だけど、私にしかできないし」と言われたら、「提案資料全体の中でも、リサーチや資料の誤字脱字チェック、他の資料も含めてフォルダ整理もできますがいかがですか？」などと返すイメージです。

また、お試し面談の前日・当日のリマインド連絡や終わった後のお礼の連絡は忘れずに必ずおこないましょう。

事前面談をする際には必ずリマインド・お礼の連絡をしよう

話す内容を考え、準備することも大切です。しかし、一方で**「事前面談の前日と当日におこなうリマインド」や「事前面談終了後のお礼の連絡」もかなり重要です**。まずリマインドは、オンライン事務のタスク管理や抜け漏れ防止のために必要な業務です。そのため、契約前の段階で、事前面談が時間通りに間違いのなく催されるようにリマインド連絡ができると、そのアピールになるのでおすすめです。

また、**終了後のお礼の連絡は、顧客対応ができるかどうかの1つの指標にもなります**。クライアントの業種にもよりますが、顧客は一般企業であることも多々あります。そのため、そうしたお礼をいえるのは「顧客対応ができるオンライン事務」といったアピールができるので、おすすめです。事前面談前と後にも忘れずにおこない、オンライン事務としての素質をアピールしましょう。

7-3

基礎知識　時短　関係性向上　収入アップ　効率化アップ　モチベーションアップ

継続率を上げるための考え方

ゆるポイント1　「あなたを楽にしてあげたい」の気持ちがあれば大丈夫

ゆるポイント2　尊敬できるクライアントと働けると楽しい

クライアントへの尊敬が大事

まず、クライアントを尊敬しているオンライン事務は継続率が非常に高いです。なぜなら、クライアントを尊敬していると**「クライアントをどんどん楽にしてあげたい」気持ちが強くなり、結果として「クライアントを楽にさせるためには……」と自主的に行動できるようになるからです。**「この業務は私のほうで対応を進めましょうか？」と自主的に行動してくれるオンライン事務は貴重なので、継続率が上がるということです。

ちなみに、オンライン事務側として

も、尊敬できるクライアントと働くことは非常に楽しく、仕事も無理なく続くので、お互いがWin-Winの関係といえます。

自主的に行動し業務を巻き取ることに価値がある

クライアントにとって、細かく仕事をお願いするのは、非常に大変です。なぜなら、仕事の段取りを考え、それを優しく伝え、お願いしていたことが終わったら次にお願いすることを考え……といった感じで、手間も時間もかかるからです。クライアントはただでさえ忙しい人ばかりです。なので、こちらから具体的に細かくお願いしなくても、手探りだけどもなんとなく仕事を進めてくれる「自主的なオンライン事務」は（言い方はよくありませんが）手間がかからなくてよいです。

仕事を誰かにお願いする際に大変な「細かな指示を出さないと動けない」といった状態を解消してくれる人はなかなかいないので、クライアントにとって非常に価値の高い人材なのです。

1人社長や個人事業主の右腕になるために

ゆるポイント1　**自分の意見とその根拠を伝えられれば右腕系オンライン事務に近づける**

ゆるポイント2　**報酬アップを狙いたいなら右腕系オンライン事務**

さらに報酬UPを狙うなら右腕系オンライン事務になろう

1人社長や個人事業主の右腕のような存在のオンライン事務がいます。右腕のオンライン事務は**クライアントにしかできない業務以外、全ての業務をサポートします**。クライアントにしかできない業務とは、例えば「会社の大きな方針を判断する」「お金に関わることを決定する」「新規事業の構想を練る」などです。このような「右腕系オンライン事務」は当然報酬も高くなります。クライアントは**自分にしかできない業務以外はどんどん人にお願い**

したいものです。しかし、任せられる人はなかなかおらず、クライアントが1人で業務を抱えがちです。そのため、そういったことをお願いできるとなればその希少性も相まって、報酬は高くなります。**1人社長や個人事業主のサポートの中でもさらに報酬アップを望んでいるならば「右腕系オンライン事務」を目指しましょう。**

「右腕系オンライン事務」に必要なもの

「右腕系オンライン事務」になるために必要なのは、クライアントの判断基準を知ることです。なぜなら、クライアントが大事にする判断基準を知っていれば「クライアントだったらこう判断するだろう」「会社のためにはこう判断したほうがいいだろう」とアタリをつけることができ、大きく踏み外すことはありません。そのため、クライアントから任せてもらえる業務が増えていきます。

ですが、忙しいクライアントの判断基準を確かめるためにはどうすればよいのでしょうか。その秘訣は、**「自分の意見とその根拠をいうこと」**です。例えば、何かの仕事の際に「この時、クライアントは何を大事にして、判断しているのですか？」と漠然と聞いても、クライアントとしては、一から回答するのは大変です。しかし、「私は

○○の理由でA案のほうがよいと思いますが、いかがでしょうか?」と自分の意見と根拠を述べたら、高い確率で「土谷さんの意見もいいんだけども、ここは▼▼の観点でB案がいいかな」などとクライアントの判断基準(▼▼を大事にする)を知ることができます。**自分の意見をいったからこそクライアントの判断基準を引き出せるということです。**

このようにして、あらゆる場面でのクライアントの判断基準を引き出し、クライアントの判断基準メモを作成していきます。そうして、クライアントの判断基準と自分の仕事上での判断基準をチューニング(調整)していきます。

判断基準のチューニングが終われば楽に

判断基準のチューニングは正直大変そうだと思いませんか? 確かにクライアント・オンライン事務両者ともに最初の頃は手間がかかるので大変です。しかし、判断基準のチューニングをすればするほど、自然とクライアントの判断基準が自分に宿ってきます。すると「この場合、クライアントはC案を採用するだろう」などとクライアントが判断しそうな方向に、自然とアタリをつけられるようになります。

図7-4　右腕系オンライン事務になるために大切なこと

意見と根拠を
クライアントに言える
クライアントの判断基準を
引き出すことができる
クライアントの
判断基準を知っている
クライアントの方針に沿った
判断ができる

このように**判断基準をチューニングしていく過程を経る**ことで、クライアントから信頼をもってもらえるようになります。そうして、クライアントからの信頼貯金をためていけば、あらゆる判断を任せてもらえるようになり、いずれ「右腕系オンライン事務」になることができます。

社長の右腕と聞くと、ものすごく難しく、到底手が届きそうにない印象をもつかもしれません。しかし、**大切なのは「意見とその根拠を伝えること」です**。少しでも「こうした方がいいかも」と感じたらぜひ積極的に伝えてみてください。

7-5

モチベーションアップ

合わないクライアントに出会ったら

ゆるポイント1　**嫌なクライアントに出会ったら我慢しなくてOK**

ゆるポイント2　**立つ鳥跡を濁さずは きれいに別れるためのポイント**

合わないクライアントに出会ったら我慢しない

「あれ？　なんかこの人の言動に違和感があるかも」――クライアントにそう感じたら、我慢はしないでください。8-4で詳しく述べますが、**嫌なクライアントと無理に働く必要はありません**。正社員で働いている方は、基本的に逃げたり我慢せずに行動したりすることは難しいと思います。しかし、多くが業務委託で働く私たちオンライン事務は違います。契約に反しない範囲ならば、いつだって辞めたいと伝えてもよいのです。

辞める理由を話す時には正論パンチはやめよう

オンライン事務が仕事を辞めたくなる時は「報酬の支払い遅延」「高圧的・セクハラな発言」「提示された条件と異なる仕事内容・量が多い」です。

中には「あなたみたいに土日の緊急対応ができない人なんているんだね。このままだと個人で仕事もらえなくなるよ？　だから早く対応してくださいね」といったひどい発言もあったと聞きます。本来であれば、「このような発言をする人と一緒には働けません」とビシッと言ってやりたいところですが、ここは自分のためにもぐっと我慢してください。

というのも、いわゆる**正論パンチをしたところで、相手からもっとひどい言いがかりや言葉が返ってくる可能性が高い**からです。このような相手とまともにやり合っては無駄に精神を消耗してしまいます。やはり言葉は暴力にもなるので、こうした言葉のラリーをしているうちに、オンライン事務や副業への気持ちが冷めてしまう可能性が高いです。そのため、正論パンチはぐっと抑えて次回は更新できない旨をお話ししてください。自分のためにも、決して相手に正論パンチをしてはいけません。

また、たとえどんなにひどいことをされたとしても、SNS上でクライアントの批判をするのもNGです。なぜなら、将来のクライアント候補から、批判的な人だと思われ、採用が遠のく可能性があるからです。

立つ鳥跡を濁さずが無難

契約に反しない範囲で「辞める」と伝えたとしても、うまく辞められないことがあります。それはクライアントがあなたを頼りにしている時に顕著です。「辞められたら困る」という一見嬉しくなる気持ちですが、こちら側が勤務を継続できない場合は、やはり応えられません。もちろん法律的には締結した契約書に記載の内容に従って伝えればよいので、そのまま辞めてしまっても問題はないでしょう。しかし、中には知人から紹介してもらった仕事であったり、万が一SNSで悪評を流されたら困るといった事情があったりするかもしれません。そんな時には「立つ鳥跡を濁さず」を意識し、行動することが必要です。

例えば、**クライアントに辞めたいと伝えた後に引き継ぎのマニュアルを作成したり、後任探しのサポートをしたりする**などです。クライアントにとってオンライン事

図7-5　合わないクライアントとの付き合い方

務に辞められたら困る理由は、「今あなたがしている仕事をお願いする人がいない。その人にどう仕事を教えればいいかわからないし大変」ということがほとんどです。そのため、その点を少しでも解消できるように辞めたいと伝えた後でもサポートをし、仕事を終わらせれば穏便に辞められるかもしれません。

　辞める話をした後には、**無理のない範囲で引き継ぎ資料の作成などをサポートするのがおすすめ**です。

Column 7

知らない人と一緒に仕事をすることの不安

オンライン事務はSNSで知り合った方と一緒に仕事をすることもよくあります。しかし、知らない人と一緒に仕事をすることに対して不安な気持ちも出やすいものです。確かに、変な人や怖い人とは関わりたくないし、本名を含めた個人情報を伝えることにも抵抗があるかもしれません。そこで、ここではそうしたオンライン事務の不安対策を紹介します。

まず、そもそも契約前やSNS上では**本名で活動しなくてOK**です。私の「土谷みこ」も本名ではありません。このようなビジネスネームで仕事を探し、クライアント候補の方たちとオンライン面談をして仕事を受けるかどうかを決めます。そして、話した際に違和感がなければ契約書に初めて本名で署名をすればOKです。本名をどこにも知られたくない場合は、基本的にクラウドソーシングでのみ仕事をすればクライアントに本名はバレません。契約書の締結も支払いも全てクラウドソーシングの運営事務局とおこなわれるからです。

また、**仕事をはじめる時に締結する仕事の期間も「1～3ヶ月」と比較的短期に設定する**ことも大切です。そうすれば、万が一クライアントと合わなくても、すぐ更新のタイミングがくるからです。もちろん、辞める通知が1ヶ月前でないとダメなど条件があれば、そこはきちんと守りましょう。

第8章

楽しく働くための7つのルール

アクセスキー　a（小文字のエー）

8-1

基礎知識　時短　関係性向上　収入アップ　効率化アップ　モチベーションアップ

プライベートも大切にする

ゆるポイント1　完璧な返事をすぐにしなくても大丈夫

ゆるポイント2　「応急レス」だけでも信頼貯金がたまる

仕事が楽しいのはプライベートを犠牲にしないから

私はプライベートをあまり犠牲にすることなく働けているので、今の仕事が大好きです。現在、5歳と7歳の子供がいますが、子供たちとの時間をもてています。もちろん、基本的に**クライアントと交わした契約書に記載している「稼働可能時間帯」以外にクライアントから連絡がきても対応しなくてOK**です。しかし、「稼働可能時間帯」以外の時間だけれども、クライアントからの信頼貯金をためたい、けれども家族との時間は犠牲にしたくないといった場合におすすめなのが「応急レス」です。

「応急レス」とは応急（一時的な対処として）レスポンス（反応）をすることです。労力はそこまでではないのに、クライアントからの信頼貯金をためられます。応急レスの内容は**「連絡のお礼」「連絡・対応の目処」だけでOK**です。完璧な返事をすぐにする必要はありません。例えば「見積書の作成は可能でしょうか？」と連絡がきても見積書を作成してすぐに送らなくて大丈夫です。もちろんそれができたら最高ですが、難しい状況の時は次のように返信します。

ご連絡ありがとうございます！　見積書の作成はもちろん可能です。明日の昼12時までにお送りできると思いますので、少々お待ちいただけると幸いです。どうぞよろしくお願いいたします！

こうすれば、クライアントとしては、既読確認と今後の作業の見通しもたって嬉しい限りです。これくらいの連絡はスマホを開いてすぐにメッセージを作れるので、プライベートを犠牲にしなくても大丈夫です。

8-2

関係性向上　収入アップ　効率化アップ　モチベーションアップ

クライアントに感謝をする

ゆるポイント1 感謝は相手と良好な関係を築くための近道

ゆるポイント2 当たり前を当たり前と思わない

お互い気持ちよく働くためには感謝の気持ちが必要

まず、私が気持ちよく働くために気をつけているのが、**クライアントに感謝をすること**です。例えば、仕事の報酬を振り込んでもらったら必ずお礼の連絡をします。私が働いた対価なので当然もらうべきお金です。しかし、「もらえて当然とばかりになにも言わない人」と「毎度感謝をする人」とではどちらと働きたいでしょうか。

誤解しないでいただきたいのが、クライアントに「媚びろ」といっているわけではありません。もらえるものを当たり前だとふんぞりかえるのではなく、ただ**「ありがとう」と感謝の気持ちを伝えようといっている**だけです。

他にも私が感謝しているものは「クライアントからのフィードバック」です。5−4でも話した通り、忙しいクライアントが修正内容を指摘するのは時間も労力も使う大変なことです。指摘をもらえることを当たり前だと思わず、時間を使ってもらったことに感謝の気持ちを伝えます。また、クライアントから新しく仕事を依頼される時にも感謝します。「ご依頼ありがとうございます！　精一杯頑張ります！」といった感じで私に依頼してくれたことに対して必ず感謝の気持ちを伝えるようにしています。

会社員時代には毎月給与が振り込まれるのも上司からの指摘も当然でした。また、新しく仕事を任されても「仕事が増えるだけ……」とネガティブな感情を抱いていました。しかし、個人で副業をはじめてからは全く別物であることに気づきました。なぜなら、感謝するとクライアントと良好な関係を築けて仕事がスムーズに進むようになったり、「働いていて気持ちがいい」とクライアントから言われ、仕事が増え、結果として報酬が増えたりしたからです。

8-3

基礎知識　時短　関係性向上　収入アップ　効率化アップ　モチベーションアップ

自分が極端に苦手な仕事はしない

ゆるポイント1　**極端に苦手な仕事はやらなくても大丈夫**

ゆるポイント2　**楽しく働くことがクライアントのためにもなる**

得意な人に任せた方が吉

私は自分が極端に苦手な仕事はしません。理由は単純で、**不得意な自分が担当するよりもその仕事を得意とする人がおこなったほうが正確かつ早く終わるから**です。

当たり前ですが、人によって得意なこと・不得意なことは異なります。そして、不得意なことをどんなに頑張っても、それが得意な人には敵いません。そして、正直得意な人に対抗して頑張っても辛いだけです。得意な人は労力20で素晴らしいパフォーマンスを出しているのに、私は労力100をかけても、パフォーマンスは半分以下です。そんな悲しくなるような努力を続けていても、仕事に対するモチベーションは上がりません。

こんなことをいうと「仕事をなめているのか」というお叱りの声が聞こえてきそうですが、私は楽しく働くためには必要な考え方だと思います。**忙しい中で働く際に、極端に苦手な仕事をおこなっても楽しくないし、楽しくないと副業ないし仕事が続かないからです。**

また、オンライン事務が楽しく働くことは巡り巡って、クライアントのためにもなると思います。なぜなら、楽しく働けたほうが、いい環境で働かせてくれるクライアントに貢献したい気持ちも増え、仕事に積極的になれて結果としていい仕事ができるからです。

もちろん、極端に苦手な仕事をしない代わりに、その仕事を得意な人を採用するためのサポートを積極的におこなうなど、**嫌なものを嫌だと主張するだけでなく、きちんと全体をフォローすることも大切です。**

働き手もクライアントを選んでいい

ゆるポイント1 働き手が一方的に我慢をしなくて大丈夫

ゆるポイント2 潰れる前に離れる勇気も必要

「お金を払う側（雇う側）が偉い」は間違い

雇用関係には、お金を払う人ともらう人がいます。そのため、ついついお金を払う、雇う側が偉いと思いがちですが、そうではないはずです。お金をもらう側である働き手はクライアントを選んでいいし、選ぶ権利があります。**両者は対等だから**です。

私たちオンライン事務は、確かに雇い主であるクライアントのことをサポートし、尊重します。しかし、クライアントから働き手の尊厳を傷つけるなどの不当な扱いを受けたら、働くのを辞めてもいいのです。そこを無理に我慢する必要はありません。私の所感ですが、サポートが好きな方は我慢強い方が多く、辛い思いをしても歯を食いしばって働きがちです。しかし、我慢した先にあるのは精神的な苦痛ばかりです。私のオンライン事務仲間でも、我慢しすぎて潰れてしまった方がいますが、極度の我慢は本当に体にとって毒です。

自分を大事に扱ってくれないところからは逃げてよし

自分を不当に扱う職場にいる必要はありません。**その場を離れてしまっても、それは逃げではありません。**体も心も一度崩してしまっては元の状態に戻すのには大変な時間と労力が必要になります。長く働く上で健康な心身を保つことは絶対に必要なので、違和感をもったら構わず離れてください。自分もクライアントと対等であることを知ることが楽しく働き続けるために非常に重要です。

それに、オンライン事務はネット環境さえあれば、世界中の人と仕事ができます。もし誰かと合わなくても他に合う人がいるので、安心して他のクライアントを探しましょう。このようなことができるのも、オンライン事務のいいところです。

8-5

効率化アップ　モチベーションアップ

同じ仕事をしている仲間を見つける

ゆるポイント1　**近くにいなければオンラインで仲間を探せる**

ゆるポイント2　**秘密保持を守れば相談しても大丈夫**

まだまだ知られていない仕事だからこそ仲間が励みに

同じオンライン事務の仕事をしている仲間の存在はとても大きいです。**オンライン事務のことをわかってくれ、時には相談に乗ってくれる存在は非常に心強い**ので、仲間がいると仕事が一気に楽しくなります。オンライン事務の仕事はまだ一般的といえる認知度ではありません。そのため、「請求書管理はどう進めればいいんだろう」「どうキャリアを積んでいけばいいのかな」といった悩みを相談できる人があまりいません。他によい仕事の進め方や便利ツールがあれば、もっとクライアントに貢献できるのにと私も常々悩んでいました。

現在は仲間探しもオンラインでできる時代に

私が運営するオンラインコミュニティ「秘書部」は同じ仕事をする仲間を見つけるために作りました。その結果、オンライン事務ならではの悩みを相談することもでき、1人で塞ぎ込みながら悩むことは減り、楽しく働けています。現在は、北海道から沖縄まで日本国内だけでなく、台湾やアメリカ、フランスやインドネシアなど世界中で暮らすオンライン事務の仲間を見つけることができました。

相談する際には秘密保持を絶対に守るべし

仲間をもち、悩みや思いを共有するのはいいですが、注意も必要です。悩みを相談する際に、**個人が特定される情報や仕事の機密情報などは絶対に話してはいけません**。もし、破ってしまったら、それこそ2-10でお伝えした通り、「セキュリティ意識の低い人」と思われます。絶対に機密情報を漏らさないよう、注意しましょう。

8-6

基礎知識　時短　関係性向上　収入アップ　効率化アップ　モチベーションアップ

やったことのない仕事にも不満を吐かずに取り組む

ゆるポイント1　**経験のない仕事はオンライン事務としてレベルアップのチャンス**

ゆるポイント2　**未経験の仕事をすればするほど経験値がそれだけ上がる**

経験のない仕事はレベルアップのチャンス

オンライン事務は、経験のない仕事をすることが多々あります。この時には「初めてする仕事か……めんどくさい」ではなく、**「報酬をもらいながらレベルアップするチャンスだ」と口に出して思い込む**ようにしています。そう思ってからは仕事が楽しくなりました。こんなことをいうといわゆる〝意識が高い〟感じがして少し恥ずかしいです。しかし、開き直ったら、どんどんできることが増えて、報酬アップにもつながりました。わかりやすい結果につながった時に「これは楽しい！」と思えたのがきっかけで、そこからは経験のない仕事に対して本当に前向きになれました。

やったことのない仕事の積み重ねが大きな差に

冒頭でもお話しした通り、オンライン事務は、新しい仕事をしたり、触ったことのないツールを触る必要が出たりといった機会が非常に多いです。そのため、前向きに〝意識高く〟取り組んでほしいのですが、とはいえ、最初は不安な気持ちが強いため、モチベーションを上げるのは難しいと思います。

そこで、まずは**不満を吐かずにコツコツと取り組んでみてください**。クライアントとしては、新しいことをお願いするたびに、オンライン事務から不満を吐かれては大変です。もちろん、最初はできることが多くなくても、未経験の仕事をこなした数によって、1年後にはあらゆることができるオンライン事務になっているはずです。そして、その結果、もっと高い報酬をもらえるようにもなっているかもしれません。

8-7

モチベーションアップ

自宅でも仕事がはかどるよう工夫する

ゆるポイント1　**全身鏡で緊張感をもたせると仕事がはかどる**

ゆるポイント2　**ポモドーロテクニックで仕事が進まないを阻止**

自宅では緊張感がなくなりがち

自宅で作業をする時は自室に私1人なので、正直緊張感はありません。出勤すれば仕事仲間が同じ空間にいるので、緊張感も出て仕事にメリハリがつきます。ですが、自宅で仕事をする際には、いかに**自分1人でモチベーションを保てるか**が大事になってきます。

全身鏡とポモドーロテクニック

私はデスクのそばに全身鏡を置いています。鏡に映る自分の姿を目の端で見て、〝なんとなく人に見られている感〟を自分で演出しているのです（これが結構効果があり、仕事が進みます）。

他には、よくオンラインコミュニティ「秘書部」の中で「ポモドーロテクニック」を使って仲間と一緒に仕事をしています。まず、音声通話ができるツールを使って、通話がつながっている状態にします。そして、そこでポモドーロテクニックを使います。ポモドーロテクニックとは、次の通りの流れで作業をしていくことです。これが、驚くほど仕事がはかどるので、まずは1人でもおこなってみてください。

25分作業↓5分小休憩↓25分作業↓5分小休憩↓25分作業↓15分大休憩

各々自由にやりたい仕事や作業をして、休憩のタイミングではおしゃべりを楽しみます。内容は、今晩のおかずや好きなアイドルの話など、本当に他愛もないものばかりです。今の時代は自宅からでも仲間と気軽におしゃべりをしたり、一緒に仕事をすることが可能なのです。自分1人ではどうしても仕事がはかどらない時にはこうして仲間と一緒にポモドーロテクニックをおこなっています。

おわりに

キラキラと輝いて働く昔の同僚や友人などを見るとつい、自分と比べて悲しい気持ちになりませんか？　実は、私にもそうした経験がありました。新卒で入った会社を早々に退職し、髪を振り回して専業主婦として子育てをしていましたが、その頃、元同僚を羨ましく思ったのを今でも鮮明に覚えています。**人はつい、自分にないものばかりを数えてしまいます。しかし、ないものはない。数えても仕方がありません。**私も自分にないものを数えることはやめて「いま自分にできること」に、歯を食いしばりながら取り組んだ結果、望んだ働き方にたどり着けました。

オンライン事務は、高い学歴や秘書などの職歴、資格などは必要ありません。それならば、自分にないものばかりを数えるのではなく、「いま自分にできること」に精一杯取り組んでみませんか？　**取り組み方次第で、望んだ働き方を手に入れることもできます。**何かしらの事情で働くことを諦めてしまっている方はぜひ一度オンライン事務に興味をもってもらえると幸せです。

2023年3月　土谷みみこ

本書内容に関するお問い合わせについて

このたびは翔泳社の書籍をお買い上げいただき、誠にありがとうございます。弊社では、読者の皆様からのお問い合わせに適切に対応させていただくため、以下のガイドラインへのご協力をお願い致しております。下記項目をお読みいただき、手順に従ってお問い合わせください。

●ご質問される前に
弊社Webサイトの「正誤表」をご参照ください。これまでに判明した正誤や追加情報を掲載しています。

正誤表　https://www.shoeisha.co.jp/book/errata/

●ご質問方法
弊社Webサイトの「刊行物Q&A」をご利用ください。

刊行物Q&A　https://www.shoeisha.co.jp/book/qa/

インターネットをご利用でない場合は、FAXまたは郵便にて、下記“翔泳社 愛読者サービスセンター”までお問い合わせください。電話でのご質問は、お受けしておりません。

●回答について
回答は、ご質問いただいた手段によってご返事申し上げます。ご質問の内容によっては、回答に数日ないしはそれ以上の期間を要する場合があります。

●ご質問に際してのご注意
本書の対象を越えるもの、記述個所を特定されないもの、また読者固有の環境に起因するご質問等にはお答えできませんので、予めご了承ください。

●郵便物送付先およびFAX番号
送付先住所　〒160-0006　東京都新宿区舟町５
FAX番号　03-5362-3818
宛先　（株）翔泳社 愛読者サービスセンター

※本書に記載されたURL等は予告なく変更される場合があります。
※本書の出版にあたっては正確な記述につとめましたが、著者や出版社などのいずれも、本書の内容に対してなんらかの保証をするものではなく、内容やサンプルに基づくいかなる運用結果に関してもいっさいの責任を負いません

※本書に記載されている情報は2023年2月執筆時点のものです。

土谷 みみこ（つちや・みみこ）

新卒で金融系の会社に入社したが、出産を機に退社。長男が1歳になる頃に就職した教育系の会社でサポート業務をおこなう。その後、副業としてオンライン事務（秘書）を始めて、子供を十分育てられる収入を得られるようになったことで、離婚を決意。現在は、7歳と5歳の子供を育てるシングルマザー。自身の人生が変わったキッカケである「オンライン事務」のノウハウや選考の突破方法を伝える、オンラインコミュニティ「秘書部」を運営。オンライン事務が集まるコミュニティとしては日本最大。
また、オンライン事務（オンライン秘書）の関連セミナーでの講師や、数々のメディアへオンライン秘書として出演・寄稿など、多方面でオンライン事務・オンライン秘書を広めるために活動している。

●秘書部 Webサイト　https://hishobu.com/media/?p=48

執筆協力　佐々木 ゴウ
装丁・本文デザイン　Isshiki
装丁イラスト　スズキタカノリ
DTP　株式会社 明昌堂

「ゆる副業」のはじめかた オンライン事務
コネ・経験不要、スキマ時間でしっかり稼ぐ!

2023年3月8日　初版第1刷発行

著者　土谷 みみこ
発行人　佐々木 幹夫
発行所　株式会社 翔泳社（https://www.shoeisha.co.jp）
印刷・製本　中央精版印刷 株式会社

本書へのお問い合わせについては、223ページに記載の内容をお読みください。
落丁・乱丁はお取り替えいたします。03-5362-3705 までご連絡ください。

ISBN9784-7981-7926-1　Printed in Japan